Adelheid Beyreder

Gutes aus Österreichs Küchen

Reizvolle Original-Rezepte
von Wiener Erdäpfelsuppe bis
Salzburger Nockerln

GU Gräfe und Unzer

Umschlag-Vorderseite
Feine Palatschinken (Pfannkuchen) mit einer cremigen Füllung aus Topfen (Quark), Eiern und Rosinen, mit einem Milchguß überbacken, sind eine äußerst beliebte österreichische Mehlspeise. Rezept Seite 50.

2. Umschlagseite
Die Leberknödelsuppe wird aus einfachen Zutaten in kurzer Zeit zubereitet. Sie schmeckt besonders gut, wenn Sie die Fleischbrühe selbst kochen. Rezept Seite 6.

3. Umschlagseite
Gebackene Champignons mit einer Panade aus Eiern, Mehl und Semmelbröseln schmecken als Imbiß oder als pikante Vorspeise. Rezept Seite 11.

CIP-Kurztitelaufnahme der Deutschen Bibliothek

Beyreder, Adelheid
Gutes aus Österreichs Küchen:
Reizvolle Original-Rezepte – von Wiener Erdäpfelsuppe bis Salzburger Nockerln / Adelheid Beyreder.
– 1. Aufl. – München: Gräfe und Unzer, 1989

ISBN 3-7742-1293-7

1. Auflage 1989

Redaktion: Cornelia Schinharl
Herstellung: Ulrike Laqua
Farbfotos: Fotostudio Teubner
Zeichnungen: Gerlind Bruhn
Umschlaggestaltung: Heinz Kraxenberger
Satz und Druck: Appl, Wemding
Reproduktionen: Brend'amour, Simhart & Co.
Bindung: R. Oldenbourg

ISBN 3-7742-1293-7

Adelheid Beyreder
lebt in Wien und ist seit vielen Jahren im Buchhandel tätig. Neben Beruf und Haushalt machte sie das Abitur und studierte Rechtswissenschaft. Seit dem Studienabschluß hat sie wieder mehr Zeit für ihr großes Hobby, das Kochen. Mit Begeisterung sammelt und erfindet sie Rezepte, um sie in der eigenen Küche auszuprobieren. Für diesen Küchen-Ratgeber hat sie besonders reizvolle österreichische Spezialitäten aus allen Bundesländern zusammengestellt.

Sie finden in diesem Buch

Ein Wort zuvor

Österreich ist nicht nur wegen seiner kulturellen Leistungen und landschaftlichen Schönheiten beliebt, sondern auch für seine Kochkunst berühmt. Die österreichische Küche bietet ein kulinarisches Spiegelbild der Länder der Habsburgermonarchie und ihrer nationalen Vielfalt. Um die Jahrhundertwende lebten in der österreichisch-ungarischen Monarchie etwa 52 Millionen Menschen, die sich in 16 verschiedenen Sprachen verständigten. Aus Ungarn, Böhmen, der Slowakei, Kroatien, Serbien, Italien und Burgund wurden die besten Gerichte übernommen und in Wien dann mit Bodenständigem vermischt, zum Teil abgewandelt, verfeinert und zur höchsten Vollendung gebracht. Wer denkt heute noch daran, daß der berühmte Apfelstrudel aus der Türkei über Ungarn nach Österreich kam und das Wiener Schnitzel ursprünglich aus Mailand stammt.
Für diesen preiswerten GU-Küchen-Ratgeber habe ich aus der Fülle der hervorragenden Rezepte die meiner Meinung nach besten Speisen ausgewählt. Der Querschnitt durch die ideenreichen Küchen Österreichs soll Ihnen einen umfassenden Eindruck vermitteln, wie abwechslungsreich und köstlich man in Österreich heutzutage kocht. Ich hoffe, daß Sie schon beim ersten Durchblättern und Lesen der Rezepttitel Lust bekommen, eine der köstlichen Spezialitäten auszuprobieren. Wie vielfältig die österreichische Küche ist, werden Sie dann beim Nachkochen der Gerichte schnell feststellen. Sie finden in diesem Buch Rezepte für schmackhafte Suppen wie beispielsweise die bekannte Leberknödelsuppe, reizvolle Vorspeisen wie gebackene Champignons und feine Salate. Neben zahlreichen traditionellen Fleisch-, Fisch- und Geflügelgerichten enthält der Küchen-Ratgeber zudem eine reiche Auswahl an herzhafter Hausmannskost wie zum Beispiel Tiroler Schlutzkrapfen. Das letzte Kapitel ist den beliebten und berühmten Mehlspeisen gewidmet, die Sie als feine Nachspeise oder auch einmal als süßes Hauptgericht, vielleicht nach einer der schmackhaften Suppen, servieren können.
Ein großer Vorteil der köstlichen Gerichte: Fast alle österreichischen Spezialitäten werden aus qualitativ hochwertigen, dabei aber preiswerten Zutaten hergestellt, die Sie überall kaufen können. Außerdem brauchen Sie keine speziellen Küchengeräte, denn alle Vorbereitungen lassen sich mit dem vorhandenen Zubehör mühelos erledigen. Damit auch Ungeübte mit den Rezeptbeschreibungen gut zurechtkommen, habe ich die Arbeitsschritte so unkompliziert wie nur möglich beschrieben. Und selbstverständlich sind alle Rezepte mehrfach erprobt und bewährt.
Die brillanten und appetitanregenden Farbfotos in diesem Band geben einen optischen Vorgeschmack dessen, was Sie auf österreichische Art zubereiten können. Genaue Schritt-für-Schritt-Abbildungen erleichtern Arbeitsgänge, die Ihnen vielleicht noch nicht so vertraut sind. Viele hilfreiche Tips und praktische Ratschläge aus eigener Erfahrung, unterstützt durch informative Zeichnungen, helfen Ihnen zudem dabei, daß alles wirklich leicht und problemlos gelingt.
Ich hoffe, daß Sie die Küche meiner Heimat ebenso köstlich finden wie ich. Viel Freude beim Ausprobieren und guten Appetit wünscht Ihnen

Ihre Adelheid Beyreder

Regionale Besonderheiten

Um Ihnen einen kleinen Einblick in die Vielfalt der österreichischen Küche zu geben, möchte ich hier einige Besonderheiten der einzelnen Bundesländer erwähnen.

Das östlichste Bundesland, das **Burgenland,** war ursprünglich ein Teil Ungarns und gehört erst seit dem Zerfall der Donaumonarchie zu Österreich. In der Küche dieses Bundeslandes herrschen daher ungarische Einflüsse vor, was sich in der Vorliebe für Paprika, Rahm (saure Sahne), Kraut (Weißkohl) und Schweineschmalz ausdrückt. Bekannte und beliebte burgenländische Speisen sind gebratenes Martinigansl und pikanter Krautstrudel.

In **Kärnten,** dem sonnigen, südlichsten Bundesland, findet man viele Gerichte aus verschiedenen Getreidearten in Verbindung mit Milchprodukten und Fleisch. Zum Würzen der Speisen werden selbstgezogene Küchenkräuter verwendet. Typische Spezialitäten sind Kärntner Kasnudeln, Schlickkrapferln und Kärntner Reindling. Die berühmte Gailtaler Kirchtagssuppe ist Resteverwertung und Festtagsessen zugleich.

Vielfältig wie die Landschaft in **Niederösterreich,** dem größten Bundesland, ist auch die Speisekarte. Jede Region hat ihre eigenen Küchenspezialitäten wie zum Beispiel die kräftige Waldviertler Linsensuppe oder die flaumigen Wachauer Marillenknödel. Im Frühjahr zählt Spargel aus dem fruchtbaren Marchfeld zu den Delikatessen. Mohn und Kartoffeln spielen in Niederösterreich eine große Rolle, was sich beispielsweise in den Waldviertler Mohnnudeln niederschlägt. Aus den fischreichen Teichen kommt der traditionelle Weihnachtskarpfen.

Oberösterreich ist für seine gute, bodenständige Küche bekannt. Beliebte Speisen sind Schweinsbraten und Knödel in vielerlei Variationen, darunter die herzhaften Grammelknödel. In den Kurorten des Salzkammergutes werden feine Mehlspeisen hergestellt, die schon Kaiser Franz Joseph zu schätzen wußte. Weit über die Landesgrenzen hinaus ist die Linzer Torte wegen ihrer Schmackhaftigkeit und langen Haltbarkeit bekannt.

Um die Küche in **Salzburg,** jahrhundertelang Sitz der Erzbischöfe, war es schon immer gut bestellt. Salzburger Nockerln, ein flaumiges Soufflé aus Eiern, Zucker, wenig Mehl und viel Luft, haben es zu Weltruhm gebracht. Nirgendwo findet man so viele lokale Spezialitäten wie in den Almhütten des Salzburger Landes.

In der **Steiermark,** wegen des Waldreichtums auch das grüne Herz Österreichs genannt, entwickelte sich schon früh eine eigenständige Küche. Bekannte Gerichte sind steirisches Wurzelfleisch, Ritschert und steirisches Schöpsernes. Die Poularden aus der südlichen Steiermark erfreuen sich in Feinschmeckerkreisen internationaler Beliebtheit.

Der Küche in **Tirol,** dem gebirgigsten Bundesland, spendeten schon die Dichter des Mittelalters höchstes Lob. Sie zeichnet sich durch reichliche Verwendung frischer Zutaten aus. Bei Einheimischen und Touristen gleichermaßen beliebte Gerichte sind Tiroler Speckknödel und Schlutzkrapfen.

Vorarlberg, das westlichste Bundesland, wird liebevoll »das Ländle« genannt. Charakteristisch sind Pfannengerichte und die großzügige Verwendung von Milch und Käse. Zu den Vorarlberger Nationalgerichten zählen Riebel und Käsespätzle.

Die Bundeshauptstadt **Wien** wurde im Laufe der Jahrhunderte zum Zentrum einer reichen und vielfältigen Kochkultur. Unter der Bezeichnung »Wiener Küche« wurde die österreichische Küche weltberühmt. Einige der vielen typischen Speisen sind Wiener Schnitzel, Wiener Saftgulasch, Tafelspitz und Wiener Backhendl. An Mehlspeisen wären vor allem Kaiserschmarren, Apfelstrudel und natürlich die Sachertorte zu nennen.

Schmackhafte Suppen

Gailtaler Kirchtagssuppe

Eine kräftige Suppe aus Kärnten, die ihre besondere Note durch die ungewöhnlichen Gewürze erhält.

Zutaten für 4 Personen:
200 g Rindfleisch (Schulter) · 200 g Lammfleisch (Schulter oder Keule) · 2 Hühnerkeulen von je etwa 220 g · 300 g Wurzelgemüse (Möhren, Sellerieknolle und Petersilienwurzeln gemischt) · 1½ l Wasser · 5 schwarze Pfefferkörner · 2 Gewürznelken · 1 Stück Zimtstange von etwa 1 cm Länge · 1 Teel. getrocknetes Basilikum · 6–8 Safranfäden · 1 Prise Anispulver · 1 Prise Ingwerpulver · ⅛ l Sahne · 2 Eigelb · 1 Eßl. Mehl · Salz · weißer Pfeffer, frisch gemahlen · 1/16 l trockener Weißwein

- Vorbereitungszeit: etwa 30 Minuten
- Garzeit: etwa 1½ Stunden

So wird's gemacht:
1. Das Rindfleisch, das Lammfleisch und die Hühnerkeulen waschen. Das Wurzelgemüse putzen, waschen, schälen und grob zerkleinern. Das Rindfleisch, das Lammfleisch und das Wurzelgemüse in einen großen Topf geben und mit dem kalten Wasser übergießen.
2. Die Pfefferkörner, die Gewürznelken und die Zimtstange hinzufügen und das Wasser langsam zum Kochen bringen. Das Fleisch zugedeckt bei schwacher Hitze etwa 1½ Stunden kochen lassen, dabei gelegentlich den entstehenden Schaum abschöpfen. Nach etwa 1 Stunde Kochzeit die Hühnerkeulen, das Basilikum, den Safran, das Anispulver und das Ingwerpulver hinzufügen und alles fertig garen.
3. Das weichgekochte Fleisch und die weichgekochten Hühnerkeulen aus der Suppe nehmen und etwas abkühlen lassen.
4. Die Sahne mit den Eigelben und dem Mehl verquirlen. Die Brühe durch ein Sieb gießen, das Gemüse gut ausdrücken, dann wegwerfen. Die Eigelbsahne in die Brühe rühren.
5. Das Rindfleisch und das Lammfleisch in kleine Würfel schneiden. Die Hühnerkeulen enthäuten, entbeinen und in mundgerechte Stücke schneiden. Die Fleischwürfel und die Hühnerstückchen in die Suppe geben.
6. Die Suppe bis knapp unter den Siedepunkt erhitzen, jedoch nicht mehr aufkochen lassen.
7. Die Gailtaler Kirchtagssuppe mit Salz, Pfeffer und dem Weißwein abschmecken.

Leberknödelsuppe

Bild 2. Umschlagseite

Zutaten für 4 Personen:
2 Brötchen vom Vortag · ¼ l Milch · 1 kleine Zwiebel · 2 Eßl. Butter · 120 g Rinderleber · 1 Ei · 1 Eßl. Petersilie, frisch gehackt · 1 Messerspitze getrockneter zerriebener Majoran · 1 Knoblauchzehe · eventuell 2–3 Eßl. Semmelbrösel · Salz · schwarzer Pfeffer, frisch gemahlen · 1 Bund Schnittlauch · 1 l Fleischbrühe, selbst gekocht oder aus Würfeln

- Vorbereitungszeit: etwa 30 Minuten
- Ruhezeit: etwa 10 Minuten
- Garzeit: etwa 10 Minuten

So wird's gemacht:
1. Die Brötchen entrinden (abreiben) und in der Milch einweichen. Die Zwiebel schälen und fein hacken.
2. Die Butter in einer Pfanne erhitzen und die Zwiebelwürfel darin glasig braten. Dann abkühlen lassen.
3. Die Rinderleber von den Strängen und Häuten befreien, waschen, trockentupfen und in breite Streifen schneiden.

4. Die Brötchen gut ausdrücken.
5. Zuerst die Leber, danach die Brötchen durch die feine Scheibe des Fleischwolfes drehen. Die Leber und die Brötchen in einer Schüssel mit den Zwiebelwürfeln samt Butter vermischen. Das Ei untermengen und die Masse mit der Petersilie und dem Majoran würzen. Die Knoblauchzehe schälen und durch die Presse dazudrücken. Die Knödelmasse, wenn nötig, mit den Semmelbröseln festigen. Mit Salz und Pfeffer pikant abschmecken. Die Leberknödelmasse zugedeckt im Kühlschrank etwa 10 Minuten ruhen lassen.
6. In einem Topf reichlich Salzwasser zum Kochen bringen.
7. Mit feuchten Händen 8 kleine Knödel (Klöße) formen. Die Leberknödel in das kochende Salzwasser einlegen und bei schwacher Hitze offen in etwa 10 Minuten gar ziehen lassen.
8. Den Schnittlauch waschen, trockenschwenken und in feine Röllchen schneiden.
9. Die Fleischbrühe erhitzen.
10. Die Knödel aus dem Salzwasser nehmen, abtropfen lassen und in die heiße Brühe geben. Mit dem Schnittlauch bestreut servieren.

Frittatensuppe

Die italienischen Wörter frittata und frittella bedeuten Eier- und Pfannkuchen. In Österreich nennt man in Streifen geschnittene Pfannkuchen als Suppeneinlage Frittaten. Pfannkuchen mit Füllung heißen Palatschinken.

Zutaten für 4 Personen:
50 g Mehl · etwa ⅛ l Milch · 1 Ei · 1 Prise Salz · 1 Eßl. Petersilie, frisch gehackt · 2 Eßl. Butter · 1 l Fleischbrühe, selbst gekocht oder aus Würfeln · 1 Bund Schnittlauch

- Zubereitungszeit: etwa 30 Minuten

So wird's gemacht:
1. Das Mehl mit 2 Eßlöffeln Milch, dem Ei, dem Salz und der Petersilie in einer Schüssel verrühren. So viel Milch dazugeben, daß ein dünnflüssiger Teig entsteht.
2. Eine Pfanne erhitzen und mit ½ Eßlöffel Butter gleichmäßig ausfetten. Etwa ein Viertel des Teiges mit einem Schöpflöffel hineingießen. Die Pfanne dabei schwenken, damit der Teig auseinanderfließen kann und den Pfannenboden dünn bedeckt. Die Palatschinke (den Pfannkuchen) bei schwacher Hitze von beiden Seiten goldgelb backen. Auf diese Weise etwa 4 Pfannkuchen bereiten. Wenn der Teig zwischendurch zu dickflüssig wird, wieder etwas Milch unterrühren.

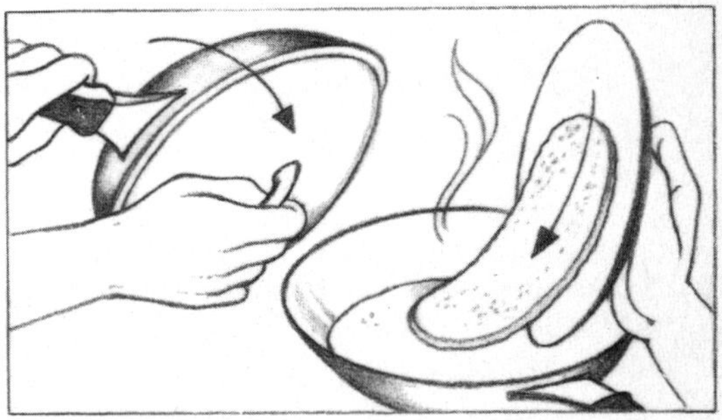

Palatschinken lassen sich am einfachsten mit einem passenden Pfannendeckel wenden.

3. Die fertigen Pfannkuchen einzeln zusammenrollen. Die Rollen der Länge nach halbieren, dann in etwa 3 mm dicke Streifen schneiden.
4. Die Fleischbrühe erhitzen.
5. Den Schnittlauch waschen, trockenschwenken und in feine Röllchen schneiden.
6. Je eine Portion Frittaten in Suppenteller geben und mit der heißen Fleischbrühe übergießen.
7. Die Frittatensuppe mit dem Schnittlauch bestreut servieren.

Wiener Erdäpfelsuppe

Zutaten für 4 Personen:
1 mittelgroße Möhre · ½ kleine Sellerieknolle · 1 mittelgroße Zwiebel · 1 Eßl. Butter · 1 Knoblauchzehe · ¾ l Fleischbrühe, selbst gekocht oder aus Würfeln · 500 g mehlige Erdäpfel (Kartoffeln) · ½ Teel. getrockneter zerriebener Majoran · 1 Lorbeerblatt · 200 g Steinpilze oder Champignons · 2 Eßl. Crème fraîche · weißer Pfeffer, frisch gemahlen · eventuell Salz · 2 Eßl. Petersilie, frisch gehackt

- Vorbereitungszeit: etwa 30 Minuten
- Garzeit: etwa 20 Minuten

So wird's gemacht:
1. Die Möhre und die Selleriehälfte putzen, waschen, schälen und in kleine Würfel schneiden. Die Zwiebel schälen und fein hacken.
2. Die Butter in einem großen Topf zerlassen und die Zwiebelwürfel darin glasig braten. Die Knoblauchzehe schälen und durch die Presse dazudrücken. Die Gemüsewürfel hinzufügen und leicht anbraten. Die Fleischbrühe darüber gießen und zum Kochen bringen.
3. Die Erdäpfel (Kartoffeln) schälen, waschen und in gleichmäßig kleine Würfel schneiden. Die Erdäpfelwürfel mit dem Majoran und dem Lorbeerblatt in die Fleischbrühe geben und zugedeckt bei schwacher Hitze in etwa 20 Minuten darin garen.
4. Inzwischen die Steinpilze oder Champignons putzen, kalt abbrausen und in feine Scheibchen schneiden. Die Pilze die letzten 10 Minuten in der Suppe mitgaren.
5. Wenn die Erdäpfel gar sind, die Suppe vom Herd nehmen und das Lorbeerblatt entfernen. Die Crème fraîche einrühren und die Suppe mit Pfeffer und eventuell Salz abschmecken.
6. Mit der Petersilie bestreut servieren.

Waldviertler Linsensuppe

Zutaten für 4 Personen:
200 g Linsen · 1 l Fleischbrühe, selbst gekocht oder aus Würfeln · 1 Lorbeerblatt · 1 Zweig Thymian · 1 mittelgroße Zwiebel · 50 g durchwachsener Räucherspeck · 1 Eßl. Butter · 2 mittelgroße Möhren · 4 Eßl. saure Milch (Dickmilch) · 1 Eßl. Mehl · 1 Teel. scharfer Senf · 1 Eßl. Essig · Salz · schwarzer Pfeffer, frisch gemahlen · 2 Eßl. Schnittlauch, frisch fein geschnitten

- Vorbereitungszeit: etwa 20 Minuten
- Garzeit: etwa 1 Stunde

So wird's gemacht:
1. Die Linsen mit der Fleischbrühe, dem Lorbeerblatt und dem Thymian zum Kochen bringen.
2. Die Zwiebel schälen und fein hacken. Den Speck in kleine Würfel schneiden. Die Butter in einer Pfanne erhitzen und die Zwiebel- und Speckwürfel darin bei mittlerer Hitze goldgelb braten. Dann zu den Linsen geben.
3. Die Linsen bei schwacher Hitze in etwa 1 Stunde weich kochen.
4. Nach etwa der Hälfte der Garzeit die Möhren putzen, waschen, schaben, in gleichmäßig kleine Würfel schneiden und zu den Linsen geben.
5. Die saure Milch mit dem Mehl und dem Senf verquirlen und etwa 10 Minuten vor Ende der Garzeit in die Suppe rühren.
6. Wenn die Linsen weich sind, das Lorbeerblatt und den Thymianzweig entfernen. Die Suppe mit dem Essig, Salz und Pfeffer pikant abschmecken.
7. Die Waldviertler Linsensuppe mit dem Schnittlauch bestreut servieren.

Schlickkrapferlsuppe

Die Kärntner Schlickkrapferln können, wie ihre Nachbarn, die italienischen Ravioli, nicht nur als Suppeneinlage, sondern auch als Hauptspeise, zum Beispiel mit Tomatensauce, serviert werden. In diesem Fall sollten Sie die angegebenen Mengen für die Schlickkrapferln verdoppeln.

Zutaten für 4 Personen:
200 g Mehl · 3 Eier · Salz · 200 g gebratenes oder gekochtes Fleisch · 1 kleine Zwiebel · 1 Eßl. Schweineschmalz oder Butter · 1 Prise getrockneter zerriebener Majoran · 1 Prise getrockneter zerriebener Thymian · 1 Eßl. Petersilie, frisch gehackt · schwarzer Pfeffer, frisch gemahlen · 1 Eiweiß · 1 l Fleischbrühe, selbst gekocht oder aus Würfeln · 1 Bund Schnittlauch
Für die Arbeitsfläche: Mehl

- Vorbereitungszeit: etwa 1 Stunde
- Garzeit: etwa 10 Minuten

So wird's gemacht:

1. Das Mehl hügelartig auf eine Arbeitsfläche sieben. In die Mitte eine Mulde drücken, 2 Eier hineinschlagen und 1 Prise Salz hinzufügen. Alles von außen nach innen rasch zu einem glatten, nicht zu weichen Teig verkneten. Wenn nötig, ganz wenig kaltes Waser dazugeben, damit sich alle Zutaten gut verbinden.
2. Den Teig mit dem Handballen etwa 15 Minuten durchkneten, bis er seidig glänzt. Den Teig unter einer umgestülpten Schüssel etwa 30 Minuten ruhen lassen.
3. Inzwischen die Füllung vorbereiten. Das Fleisch in Streifen schneiden und durch den Fleischwolf drehen oder sehr fein hacken. Die Zwiebel schälen und fein hacken. Das Schweineschmalz oder die Butter in einer Pfanne erhitzen und die Zwiebelwürfel darin glasig braten. Das Fleisch dazugeben und kurz mitbraten.
4. Die Masse abkühlen lassen und mit dem Majoran, dem Thymian und der Petersilie würzen. Das restliche Ei hinzufügen, alles gut vermischen und mit Salz und Pfeffer pikant abschmecken.
5. Das Eiweiß in einer Tasse mit 1 Teelöffel Wasser verquirlen.
6. Den Teig halbieren und auf einer bemehlten Arbeitsfläche zu zwei gleich großen Quadraten von etwa 2 mm Dicke ausrollen.
7. In einem großen Topf reichlich Salzwasser zum Kochen bringen.
8. Auf eine Teighälfte in Abständen von etwa 4 cm je 1 Teelöffel der Füllung geben. Die Zwischenräume mit dem verquirlten Eiweiß bestreichen. Die andere Teighälfte locker darüber schlagen und in den Zwischenräumen mit der Fingerkuppe fest andrücken. Mit einem Teigrädchen quadratische gefüllte »Krapferln« ausradeln. Die Schlickkrapferln voneinander trennen und, wenn nötig, die Ränder nochmals zusammendrücken.
9. Die Schlickkrapferln in das kochende Salzwasser geben und etwa 10 Minuten bei schwacher Hitze darin ziehen lassen.
10. Inzwischen die Fleischbrühe erhitzen.
11. Den Schnittlauch waschen, trockenschwenken und in feine Röllchen schneiden.
12. Die fertigen Schlickkrapferln in ein großes Sieb schütten, gut abtropfen lassen und in die heiße Fleischbrühe geben.
13. Die Schlickkrapferlsuppe mit dem Schnittlauch bestreut servieren.

Pikante Vorspeisen und Salate

Überbackener Karfiol

Zutaten für 4 Personen:
1 kleiner Kopf Karfiol (Blumenkohl) von etwa 600 g · Salz · 1 Eßl. Butter · 2 Eßl. Mehl · eventuell ⅛ l heiße Gemüsebrühe · 1 Eigelb · ⅛ l Sahne · 2 Eßl. Parmesan oder Emmentaler, frisch gerieben · 1 Prise Muskatnuß, frisch gerieben · weißer Peffer, frisch gemahlen
Für die Formen: Butter und Semmelbrösel
Zum Bestreuen: 2 Eßl. Semmelbrösel · 2 Eßl. kalte Butter

- Ruhezeit: 15 Minuten
- Vorbereitungszeit: etwa 30 Minuten
- Garzeit: insgesamt etwa 35 Minuten

So wird's gemacht:

1. Vom Karfiol (Blumenkohl) das Strunkende und die grünen Blätter wegschneiden und den Karfiolkopf 15 Minuten in kaltes Salzwasser legen.

2. Den Karfiol in kleine Röschen teilen. Grobe Strünke in kleine Stücke schneiden. Die Karfiolröschen und -stücke putzen und gründlich waschen. Den Karfiol in einen Topf geben, etwas Salz darüber streuen und so viel frisches Wasser darüber gießen, daß das Gemüse gerade davon bedeckt ist. Das Wasser zum Kochen bringen und den Karfiol zugedeckt bei mittlerer Hitze in etwa 15 Minuten bißfest garen.

3. Vier feuerfeste Portionsformen oder eine große Auflaufform mit Butter ausstreichen und mit Semmelbröseln ausstreuen.

4. Den Backofen auf 200° vorheizen.

5. Den gekochten Karfiol abgießen und auf einem Sieb abtropfen lassen. Dabei etwa ⅛ l von der Kochflüssigkeit auffangen und für die Sauce heiß halten.

6. Die Butter in einem Topf erhitzen. Das Mehl unter Rühren hinzufügen und anschwitzen lassen. Das heiße Karfiolkochwasser oder die Gemüsebrühe hinzugießen und aufkochen lassen. Die Sauce vom Herd nehmen und etwas abkühlen lassen.

7. Das Eigelb mit der Sahne in einer Tasse verquirlen und in die Sauce rühren. Den geriebenen Käse hinzufügen. Die Gratiniersauce mit dem Muskat, etwas Pfeffer und eventuell etwas Salz pikant abschmecken.

8. Den Karfiol in die vier Förmchen oder in die Auflaufform geben. Die Sauce darüber gießen und die Semmelbrösel darüber streuen. Die kalte Butter in Flöckchen schneiden und darüber verteilen. Den Karfiol im vorgeheizten Backofen in etwa 20 Minuten goldbraun überbacken.

Schinkenkipferln

Warme Schinkenkipferln sind eine wahre Köstlichkeit. In manchen Wiener Bäckereien wird angekündigt, zu welcher Tageszeit die »ofenfrischen« Schinkenkipferln erhältlich sind. Sie schmecken nicht nur als Vorspeise, sondern auch als pikante Beigabe zu Bier und Wein.

Zutaten für 4 Personen:
Für den Teig: 80 g gegarte Kartoffeln vom Vortag · 80 g Magerquark · 80 g Mehl · 50 g Butter · 1 Ei · 1 Prise Muskatnuß, frisch gerieben · Salz
Für die Füllung: 150 g magerer geräucherter Schinken · 1 Eßl. Butter · 1 Teel. Mehl · schwarzer Pfeffer, frisch gemahlen · 1 Messerspitze getrockneter zerriebener Majoran · 1 Eßl. Petersilie, frisch gehackt
Für das Backblech: Backtrennpapier
Für die Arbeitsfläche: Mehl
Zum Bestreichen: 1 Eigelb
Zum Bestreuen: ½ Eßl. Kümmel

- Vorbereitungszeit: etwa 1 Stunde
- Backzeit: etwa 25 Minuten

So wird's gemacht:
1. Die Kartoffeln schälen und fein reiben oder durch die Presse drücken. Den Quark durch ein Sieb streichen. Das Mehl auf eine Arbeitsfläche sieben. Den Quark und die Kartoffeln hinzufügen. Die Butter, das Ei, den Muskat und etwas Salz dazugeben. Alle Zutaten rasch zu einem mittelfesten Teig verkneten. Den Teig 30 Minuten zugedeckt im Kühlschrank ruhen lassen.
2. In der Zwischenzeit die Füllung vorbereiten. Den Schinken sehr fein hacken. Die Butter in einer Pfanne erhitzen und den Schinken darin bei mittlerer Hitze unter Umwenden leicht anbraten. Das Mehl darüber streuen und durchrösten. Den Schinken mit Pfeffer und dem Majoran würzen, die Petersilie untermischen. Alles gut vermengen und eventuell noch 1 Eßlöffel Wasser dazugeben, damit eine geschmeidige Masse entsteht. Die Schinkenfüllung abkühlen lassen.
3. Das Eigelb in einer Tasse mit 1 Teelöffel kaltem Wasser verquirlen.
4. Ein Backblech mit Backtrennpapier belegen.
5. Den Backofen auf 220° vorheizen.
6. Den Teig auf einer schwach bemehlten Arbeitsfläche etwa ½ cm dick ausrollen und in vier Quadrate schneiden. Die Quadrate einmal diagonal halbieren, so daß insgesamt 8 gleichschenklige Dreiecke entstehen. In die Mitte eines jeden Teigstückes 1 nußgroßes Stück Füllung geben. Die gefüllten Teigstückchen von der breiten Seite beginnend so einrollen, daß bauchige Röllchen mit spitzen Enden entstehen. Diese Röllchen mit der Nahtstelle nach unten kipferlförmig (hörnchenartig) in regelmäßigen Abständen auf das Backblech setzen. Die Kipferln mit dem Eigelb bestreichen, mit dem Kümmel bestreuen und im vorgeheizten Backofen in etwa 25 Minuten goldbraun backen.
7. Die Schinkenkipferln lauwarm servieren.

Gebackene Champignons

Bild 3. Umschlagseite

Zutaten für 4 Personen:
300 g Champignons · 2 Eier · 80 g Mehl · 100 g Semmelbrösel · Salz
Zum Ausbacken: 150 g Backfett (Kokosfett oder Öl)
Zum Garnieren: 1 unbehandelte Zitrone · 1 Bund krause Petersilie

- Zubereitungszeit: etwa 30 Minuten

So wird's gemacht:
1. Die Champignons putzen, kurz kalt abbrausen und trockentupfen. Große Champignons halbieren.
2. Die Eier auf einem flachen Teller mit einer Gabel verquirlen. Das Mehl und die Semmelbrösel ebenfalls jeweils auf Teller geben.
3. Die Champignons salzen und in dem Mehl wenden. Überschüssiges Mehl abschütteln. Die Pilze dann in die verquirlten Eier tauchen, abtropfen lassen und in den Semmelbröseln wälzen. Überschüssige Semmelbrösel gut abschütteln, da sie sonst verbrennen.
4. Das Backfett in einer großen Pfanne erhitzen. Die panierten Champignons in dem heißen Fett bei mittlerer Hitze schwimmend in etwa 5 Minuten goldgelb backen. Dabei die Pfanne öfters schwenken, damit Fett und Champignons in Bewegung bleiben. Die fertig gebackenen Champignons aus dem Fett nehmen und auf Küchenpapier gut abfetten lassen.
5. Die Zitrone heiß waschen, trockentupfen und vierteln. Die Petersilie waschen, trockenschwenken und in kleine Sträußchen teilen.
6. Die gebackenen Champignons mit den Zitronenvierteln und den Petersiliensträußchen auf einer vorgewärmten Platte anrichten.

Spargel mit Butterbröseln

Zur Zeit der Spargelernte kommen auch die ersten Frühkartoffeln auf den Markt. Mit gekochten »Heurigen« (neuen Kartoffeln) als Beilage, in Butter geschwenkt und mit Petersilie bestreut, wird Spargel mit Butterbröseln zum delikaten Hauptgericht.

Zutaten für 4 Personen:
1 kg Spargel · 2 l Wasser · 1 Teel. Salz · 1 Teel. Zucker · 1 Teel. Zitronensaft · 1 Teel. Butter
Für die Butterbrösel: 100 g Butter · 80 g Semmelbrösel · Salz

- Vorbereitungszeit: etwa 25 Minuten
- Garzeit: etwa 15 Minuten

So wird's gemacht:

1. Die Spargelstangen gründlich waschen, auf eine Arbeitsfläche legen und von den Spitzen zu den Schnittflächen hin sorgfältig schälen. Das geht am besten mit einem Kartoffelschälmesser. Die holzigen Enden wegschneiden. Den Spargel in 3 Bündel teilen und oben und unten mit Küchengarn zusammenbinden.
2. Das Wasser mit dem Salz, dem Zucker, dem Zitronensaft und der Butter in einem Topf zum Kochen bringen. Die Spargelbündel vorsichtig in das kochende Wasser gleiten lassen. Die Spargelstangen zugedeckt bei schwacher Hitze in etwa 15 Minuten bißfest garen. Der Spargel ist fertig, wenn er sich mit einer Gabel leicht durchstechen läßt.
3. Inzwischen die Butter in einer Pfanne erhitzen. Die Semmelbrösel darin unter Wenden bei mittlerer Hitze goldbraun braten, dann leicht salzen.
4. Die Spargelbündel aus dem Wasser heben und gut abtropfen lassen. Die Spargelstangen auf einer vorgewärmten Platte anrichten. Das Küchengarn entfernen.
5. Den Spargel mit den Butterbröseln übergossen servieren.

Mein Tip: Spargel sollte erntefrisch verarbeitet werden. Wenn das nicht möglich ist, können Sie die Spargelstangen in ein nasses Tuch einschlagen. Im Gemüsefach des Kühlschrankes hält sich Spargel so bis zu 3 Tagen. Nicht ganz erntefrischen Spargel vor dem Zubereiten 30 Minuten in kaltes Wasser legen, dann läßt er sich leichter schälen.

Gurkensalat

Zutaten für 4 Personen:
2 kleine Salatgurken von je etwa 350 g · Salz · 2 Eßl. Weinessig · 2 Eßl. Öl · schwarzer Pfeffer, frisch gemahlen · 1 Knoblauchzehe · ½ Teel. edelsüßes Paprikapulver

- Zubereitungszeit: etwa 15 Minuten
- Ruhezeit: etwa 15 Minuten

So wird's gemacht:

1. Die Gurken waschen, schälen und in sehr dünne Scheibchen hobeln. Die Gurkenscheiben salzen und zugedeckt etwa 15 Minuten ruhen lassen.
2. Danach den Gurkensaft abgießen. Den Essig mit dem Öl und etwas Pfeffer verrühren. Die Knoblauchzehe schälen und durch die Presse dazudrücken. Die Marinade über die Gurken gießen und alles gut vermischen.
3. Den Gurkensalat mit dem Paprikapulver bestäubt servieren.

Paßt gut zu: Wiener Schnitzel (Rezept Seite 15)

Krautsalat mit Speck

Zutaten für 4 Personen:
1 kleiner Kopf Weißkraut (Weißkohl) von etwa 600 g · Salz · schwarzer Pfeffer, frisch gemahlen · 1 Teel. Kümmel · 120 g Räucherspeck · 2 Eßl. Öl · 3 Eßl. Weinessig

- Zubereitungszeit: etwa 30 Minuten

So wird's gemacht:
1. Vom Weißkraut (Weißkohl) die unansehnlichen äußeren Blätter entfernen. Den Krautkopf vierteln, waschen, vom Strunk befreien und fein hobeln oder schneiden. Das Kraut salzen und gut durchdrücken, damit es weicher wird. Mit Pfeffer und dem Kümmel würzen.
2. Den Speck in kleine Würfel schneiden. Das Öl in einer Pfanne erhitzen und die Speckwürfel darin bei mittlerer Hitze knusprig braten. Die Pfanne vom Herd nehmen und den Essig zum Speck gießen.
3. Die heiße Marinade mit den Speckwürfeln über den Krautsalat gießen, alles gut durchmischen und sofort servieren.

Paßt gut zu: knusprigem Schweinsbraten (Rezept Seite 21)

Erdäpfelsalat

Zutaten für 4 Personen:
500 g speckige Erdäpfel (festkochende Kartoffeln) · 50 g Räucherspeck · 1 mittelgroße Zwiebel · 2 Eßl. Öl · 1 ½ Eßl. Weinessig · 1 Teel. scharfer Senf · ⅛ l heiße Fleischbrühe, selbst gekocht oder aus Würfeln · Salz · schwarzer Pfeffer, frisch gemahlen · 1 Eßl. Schnittlauch, frisch fein geschnitten

- Zubereitungszeit: etwa 40 Minuten

So wird's gemacht:
1. Die Erdäpfel (Kartoffeln) mit der Schale in wenig Wasser garen. Dann schälen, noch heiß in Scheiben schneiden und in eine Schüssel geben.
2. Den Räucherspeck in sehr kleine Würfel schneiden. Die Zwiebel schälen und fein hacken. Das Öl in einer Pfanne erhitzen. Die Speck- und Zwiebelwürfel darin bei mittlerer Hitze glasig braten. Mit dem Essig ablöschen und alles über die Kartoffelscheiben gießen.

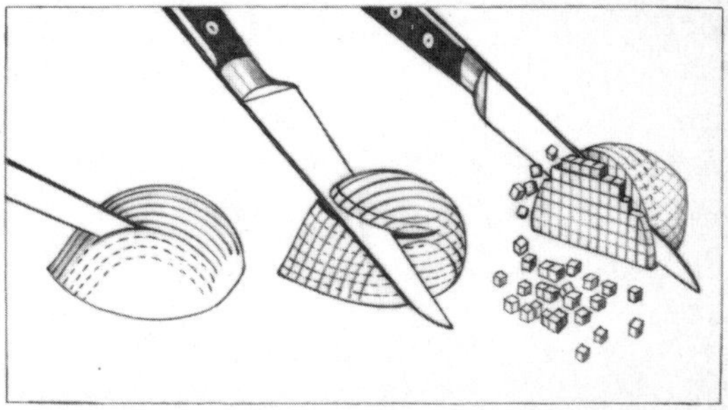

Um Zwiebeln in sehr feine Würfel zu schneiden, brauchen Sie ein scharfes Messer mit möglichst dünner Klinge.

Den Senf und die heiße Fleischbrühe hinzufügen und alles gut vermengen. Den Salat mit Salz und Pfeffer pikant abschmecken.
3. Den Erdäpfelsalat, mit dem Schnittlauch bestreut, möglichst noch lauwarm servieren.

Paßt gut zu: Wiener Schnitzel oder gebackenem Weihnachtskarpfen (Rezepte Seite 15 und 29)

Fleisch, Geflügel und Fisch

Steirisches Wurzelfleisch

Zutaten für 4 Personen:
800 g Schweinefleisch (Schulter) · 1 große Zwiebel · 1 Teel. Salz · 1 Lorbeerblatt · ½ Teel. schwarze Pfefferkörner · 1 kleine Sellerieknolle · 2 mittelgroße Möhren · 1 große Petersilienwurzel · 1 Eßl. Essig · 2 Eßl. Butter · 2 Eßl. Meerrettich, frisch gerieben

- Vorbereitungszeit: etwa 30 Minuten
- Garzeit: etwa 2 Stunden

So wird's gemacht:
1. Das Schweinefleisch waschen und in einen großen Kochtopf geben. Wasser zum Kochen bringen und so viel davon über das Fleisch gießen, daß es gerade bedeckt ist.
2. Das Wasser aufkochen lassen und den Schaum abschöpfen. Das Fleisch bei schwacher Hitze zugedeckt weiterkochen lassen.
3. Die Zwiebel schälen, grob würfeln und mit dem Salz, dem Lorbeerblatt und den Pfefferkörnern zum Fleisch geben. Die Sellerieknolle, die Möhren und die Petersilienwurzel putzen, waschen und schälen. Etwa die Hälfte davon grobwürfelig schneiden und zum Fleisch geben. Den Essig hinzufügen und das Schweinefleisch bei schwacher Hitze zugedeckt in etwa 2 Stunden weich kochen. Das Fleisch ist gar, wenn es sich mit einer Fleischgabel ohne Widerstand einstechen läßt.
4. Inzwischen das restliche Wurzelgemüse in dünne Stifte (Julienne) schneiden.
5. Das weichgekochte Fleisch aus der Brühe nehmen und die Brühe durch ein Sieb gießen.
6. Das geschnittene Wurzelgemüse in eine Kasserolle geben. Die Butter und so viel Brühe hinzufügen, daß das Gemüse gerade davon bedeckt ist. Das Wurzelgemüse bei mittlerer Hitze in etwa 5 Minuten bißfest garen.
7. Das Fleisch in Scheiben schneiden und portionsweise in Suppenteller legen. Die Gemüsestreifen samt Brühe darüber verteilen und mit dem Meerrettich bestreut servieren.

Das paßt dazu: Salzkartoffeln

Variante: **Steirisches Schöpsernes**
Anstelle des Schweinefleisches 800 g Schöpsernes (Hammelfleisch, am besten Schulter ohne Fett und Knochen) verwenden. Zusätzlich 1 Zweig Thymian und 2 geschälte Knoblauchzehen mitkochen lassen.

Salonbeuschel

Zutaten für 4 Personen:
800 g Kalbsbeuschel (Kalbslunge) und Kalbsherz gemischt · 1 mittelgroße Zwiebel · 6 schwarze Pfefferkörner · 1 mittelgroße Möhre · 1 große Petersilienwurzel · ½ kleine Sellerieknolle · 1 kleine Stange Lauch (Porree) · 1 l Wasser · 1 Gewürznelke · 1 Lorbeerblatt · 1 Zweig Thymian · 2 kleine Gewürzgurken · 1 Bund Petersilie · Schale von ¼ unbehandelten Zitrone · 1 Knoblauchzehe · 1 Teel. Kapern · 1 Sardellenfilet · 60 g Butter · 2 Eßl. trockener Weißwein · 1 Eßl. Weinessig · 1 Eßl. Zitronensaft · ¼ l Sahne · ⅛ l saure Sahne · 1 Eßl. Senf · 1 Prise getrockneter zerriebener Majoran · Salz · weißer Pfeffer, frisch gemahlen

- Vorbereitungszeit: etwa 40 Minuten
- Garzeit: etwa 1½ Stunden
- Fertigstellung: etwa 30 Minuten

So wird's gemacht:
1. Das Kalbsbeuschel (die Kalbslunge) und das Kalbsherz außen und innen gut waschen. Eventuell vorhandene Blutreste entfernen, große

Blutgefäße wegschneiden. Die Zwiebel schälen, halbieren und eine Hälfte für später beiseite legen. Die Pfefferkörner zerquetschen. Die Möhre, die Petersilienwurzel und die Selleriehälfte putzen, waschen, schälen und grob zerschneiden. Den Lauch putzen, gründlich waschen und grob zerkleinern.
2. Alle diese Zutaten in einen großen Topf geben und das kalte Wasser hinzufügen. Die Gewürznelke, das Lorbeerblatt und den Thymianzweig dazugeben.
3. Das Wasser zum Kochen bringen und das Fleisch zugedeckt bei schwacher Hitze in etwa 1 ½ Stunden weich kochen.
4. Das gekochte Fleisch abgießen. Dabei etwa ½ l von dem Kochwasser auffangen, durch ein Sieb gießen und für später bereithalten. Das Fleisch kalt abspülen, auskühlen lassen, von eventuell noch vorhandenen Knorpeln befreien und in feine, kurze Streifen schneiden. Die Gewürzgurken fein hacken. Die Petersilie waschen, trockenschwenken und von groben Stengeln befreien. Die Zitronenschale heiß waschen. Die Knoblauchzehe schälen.
5. Die Petersilie, die Zitronenschale, die Knoblauchzehe, die Kapern, das Sardellenfilet und die restliche Zwiebelhälfte fein hacken und in einer großen Pfanne in der Butter bei mittlerer Hitze anrösten. Mit dem Weißwein, dem Weinessig und dem Zitronensaft ablöschen, mit dem Kochwasser aufgießen und 10 Minuten gut einkochen lassen. Die Fleischstreifen und die gehackten Gewürzgurken hinzufügen und alles weitere 10 Minuten offen köcheln lassen.
6. Die Sahne, die saure Sahne und den Senf verrühren und nach und nach dazugeben. Das Salonbeuschel mit dem Majoran und eventuell mit Salz und Pfeffer abschmecken.

Das paßt dazu: Semmelknödel

Wiener Schnitzel

Zutaten für 4 Personen:
4 Kalbsschnitzel von je etwa 180 g und ½ cm Dicke (quer gegen die Faser aus der Keule geschnitten) · Salz · 2 Eier · 100 g Mehl · 150 g Semmelbrösel
Zum Ausbacken: 250 g Schweineschmalz oder Öl
Zum Garnieren: 1 unbehandelte Zitrone

- Vorbereitungszeit: etwa 20 Minuten
- Garzeit: etwa 8 Minuten

So wird's gemacht:
1. Die Schnitzel waschen, trockentupfen, sanft klopfen und leicht salzen.
2. Die Eier auf einem flachen Teller mit einer Gabel verquirlen. Das Mehl und die Semmelbrösel ebenfalls jeweils auf Teller geben.
3. Die Schnitzel in dem Mehl wenden. Überschüssiges Mehl gut abschütteln. Die Schnitzel danach in die verquirlten Eier tauchen, abtropfen lassen und zuletzt in den Semmelbröseln wälzen. Überflüssige Brösel gut abschütteln, da sie sonst verbrennen.
4. Das Schweineschmalz oder Öl in einer großen Pfanne erhitzen. Die Schnitzel so hineingeben, daß sie weder einander noch den Pfannenrand berühren. Eventuell nur 1 oder 2 Schnitzel auf einmal braten. Die Schnitzel bei mittlerer Hitze auf jeder Seite in etwa 4 Minu-

Mein Tip: Um Spritzer beim Klopfen zu vermeiden, sollten Sie die Schnitzel zwischen Klarsichtfolie legen. Am besten eignet sich ein Patscher (Plattiereisen) zum Klopfen, damit die Fleischfasern nicht zerschlagen werden. Der Boden einer schweren Pfanne tut es aber auch.

ten goldgelb braten. Beim Wenden nicht ins Fleisch stechen. Die Pfanne während des Bratvorganges öfters schwenken, damit Schnitzel und Fett in Bewegung bleiben.
5. Die Zitrone heiß waschen, trockentupfen und vierteln.
6. Die fertigen Wiener Schnitzel gründlich mit Küchenpapier abtupfen und auf einer vorgewärmten Platte mit den Zitronenvierteln garniert anrichten.

Das paßt dazu: Erdäpfelsalat (Kartoffelsalat, Rezept Seite 13) oder Gurkensalat (Rezept Seite 12)

Wiener Saftgulasch

Bild nebenstehend

Das Gulasch, ursprünglich aus Ungarn stammend, gehört zu den wenigen Gerichten, die aufgewärmt noch besser schmecken als frisch gekocht.

Zutaten für 4 Personen:
800 g Rindfleisch, am besten Wadschinken (Hesse) · 600 g Zwiebeln · 2 Eßl. Schweineschmalz oder Öl · 2 Eßl. edelsüßes Paprikapulver · 1 Eßl. Essig · etwa ¾ l Fleischbrühe, selbst gekocht oder aus Würfeln · 1 Teel. getrockneter zerriebener Majoran · ½ Teel. gemahlener Kümmel · Salz · 1 Eßl. Tomatenmark

- Vorbereitungszeit: etwa 30 Minuten
- Garzeit: etwa 1½ Stunden

So wird's gemacht:
1. Das Fleisch waschen, trockentupfen und in Würfel von etwa 3 cm Seitenlänge schneiden. Die Fleischwürfel parallel zu einer Seitenfläche halbieren.
2. Die Zwiebeln schälen und in dünne Ringe schneiden. Das Schweineschmalz oder das Öl in einem Schmortopf erhitzen. Die Zwiebeln darin unter Wenden bei mittlerer Hitze goldgelb braten. Das Paprikapulver darüber streuen und sofort mit dem Essig und etwa 3 Eßlöffeln Fleischbrühe aufgießen. Das Fleisch hinzufügen und mit dem Majoran, dem Kümmel und etwas Salz würzen.
3. Das Rindfleisch zugedeckt bei schwacher Hitze etwa 1 Stunde und 20 Minuten schmoren lassen. Dabei mehrmals umrühren und jeweils, wenn nötig, ganz wenig von der Fleischbrühe zugießen.
4. Danach soll das Fleisch kernig weich und die Zwiebeln sollen zu einer dicken Sauce zerkocht sein. Das Gulasch mit so viel Fleischbrühe aufgießen, daß das Fleisch vom Saft gerade bedeckt ist. Das Tomatenmark einrühren und das Gulasch noch etwa 10 Minuten köcheln lassen. Das Wiener Saftgulasch mit Salz abschmecken.

Das paßt dazu: frische Brötchen oder Salzkartoffeln und ein kühles Bier

Variante: **Fiakergulasch**
Jede Portion Saftgulasch auf dem Teller mit 1 Spiegelei, 1 Frankfurter (Wiener) Würstchen und 1 zu einem Fächer aufgeschnittenen Gewürzgurke garnieren.

Das Wiener Saftgulasch wurde von der ungarischen Küche inspiriert und zählt heute zu den bekanntesten österreichischen Spezialitäten. Rezept auf dieser Seite. ▷

Tafelspitz mit Apfelkren und Schnittlauchsauce

Bild nebenstehend

Der Tafelspitz ist eine weltbekannte Wiener Spezialität. Allein im Hotel Sacher werden jährlich etwa 16 Tonnen Tafelspitz, vor allem von Touristen, verzehrt. Außerhalb Österreichs, wo das Rind anders zerlegt und benannt wird, verlangen Sie einfach bei Ihrem Metzger das Stück Rindfleisch, das am besten zum Kochen geeignet ist. Es soll feinfaserig sein, beim Kochen aufquellen und einen Fettrand haben, der erst auf dem Teller weggeschnitten wird. In Bayern wird das zum Beispiel das Bürgermeisterstückl sein.

Zutaten für 12 Personen:
Für den Tafelspitz: 1 kg Suppenknochen, am besten Blutknochen · Salz · 2½ kg Tafelspitz (ersatzweise anderes, gut zum Kochen geeignetes Rindfleisch) · 1 große Petersilienwurzel · 1 mittelgroße Möhre · ½ kleine Sellerieknolle · ½ Stange Lauch (Porree) · 2 Knoblauchzehen · 1 mittelgroße Zwiebel · 1 Teel. schwarze Pfefferkörner · 1 kleines Lorbeerblatt · 2 Bund Schnittlauch · 1 Prise Muskatnuß, frisch gerieben
Für die Schnittlauchsauce (4 Portionen, siehe Tip): 2 Brötchen vom Vortag · ¼ l Milch · 2 hartgekochte Eigelb · 2 rohe Eigelb · 1 Teel. Zucker · 4 Eßl. Öl · 2 Eßl. Weinessig · Salz · weißer Pfeffer, frisch gemahlen · 2 Bund Schnittlauch
Für den Apfelkren (4 Portionen, siehe Tip): 2 mittelgroße Äpfel · 2 Eßl. Weinessig · 1 Eßl. Zucker · 2 Eßl. Kren (Meerrettich), frisch gerieben · Salz

- Vorbereitungszeit: etwa 1½ Stunden
- Garzeit: etwa 3½ Stunden

So wird's gemacht:
1. Die Suppenknochen in einen Topf geben und von Wasser bedeckt zum Kochen bringen. Die Knochen einmal aufkochen lassen, dann in ein Sieb schütten. Die Knochenbrühe weggießen, die Knochen gründlich waschen und eventuell vorhandene Knochensplitter entfernen. Die Suppenknochen in einen großen Topf geben und 3 l frisches Wasser darüber gießen. 1 Teelöffel Salz dazugeben und das Wasser zum Kochen bringen.
2. Den Tafelspitz kalt abbrausen und, sobald das Wasser sprudelnd kocht, zu den Knochen geben. Das Wasser erneut aufkochen lassen, danach die Hitze stark verringern. Während der ersten 30 Minuten Kochzeit mehrmals den entstehenden Schaum abschöpfen.
3. Die Petersilienwurzel, die Möhre und die Sellerieknolle putzen, waschen, schälen und grob zerkleinern. Den Lauch putzen, gründlich waschen und grob zerschneiden. Die Knoblauchzehen schälen.
4. Die Zwiebel nur von der lockeren Außenschale und den Wurzelansätzen befreien, waschen und quer halbieren. Eine Zwiebelhälfte auf der heißen Herdplatte oder in einer Pfanne ohne Fett stark bräunen.
5. Nach dem Abschäumen das Wurzelgemüse, den Lauch, die Knoblauchzehen, die ungeschälten Zwiebelhälften, die Pfefferkörner und das Lorbeerblatt zum Fleisch geben. Den Tafel-

◁ Ein Tafelspitz schmeckt am besten, wenn Sie ihn für eine größere Runde zubereiten. Das Fleisch bleibt dann besonders saftig. Mit Apfelkren und Schnittlauchsauce ist der Tafelspitz eine köstliche, allseits beliebte Mahlzeit. Rezept auf dieser Seite.

spitz weitere 2 Stunden offen köcheln und danach bei schwächster Hitze etwa 1 Stunde gar ziehen lassen. Das Rindfleisch ist gar, wenn es sich mit einem spitzen Messer leicht einstechen läßt.

Um der Brühe eine kräftige Farbe zu geben, wird eine halbierte Zwiebel auf der Herdplatte angeröstet und anschließend in der Brühe mitgekocht.

6. Etwa 40 Minuten vor Ende der Garzeit die Saucen zubereiten. Für die Schnittlauchsauce die Brötchen entrinden (abreiben) und in der Milch einweichen.
7. Die Brötchen gut ausdrücken und zusammen mit den hartgekochten Eigelben durch ein Sieb in eine Schüssel streichen. Die rohen Eigelbe und den Zucker hinzufügen und alles mit dem Schneebesen verrühren. Das Öl wie für eine Mayonnaise zunächst tropfenweise einrühren. Wenn die Sauce beginnt cremig zu werden, das Öl unter ständigem Rühren in dünnem Strahl dazugießen. Mit dem Essig zur Saucenkonsistenz verdünnen. Die Sauce mit Salz und Pfeffer pikant abschmecken. Den Schnittlauch waschen, trockenschwenken und in feine Röllchen schneiden. Etwa zwei Drittel davon in die Sauce rühren, den Rest darüber streuen.
8. Für den Apfelkren die Äpfel schälen, vom Kerngehäuse befreien und fein reiben. Die Äpfel sofort mit dem Weinessig in einer Schüssel vermischen. Den Zucker und den Kren in die Sauce rühren und diese mit Salz würzen.
9. Den Schnittlauch für den Tafelspitz waschen, trockenschwenken und in feine Röllchen schneiden.
10. Das gekochte Fleisch aus der Brühe nehmen. Die Fleischbrühe durch ein feines Sieb gießen. Das Fett etwas abschöpfen und die Brühe mit dem Muskat und Salz abschmekken.
11. Den Tafelspitz quer zur Faser in fingerdikke Scheiben schneiden und auf einer vorgewärmten Platte anrichten. Die Tafelspitzscheiben leicht salzen, pro Portion etwa 2 Eßlöffel heiße Fleischbrühe darüber träufeln und den Schnittlauch darüber streuen. Die restliche Fleischbrühe anderweitig verwenden.
12. Den Tafelspitz mit dem Apfelkren und der Schnittlauchsauce servieren.

Das paßt dazu: geröstete Erdäpfel

Mein Tip: Bitte beachten Sie, daß der Tafelspitz für 12 Portionen reicht, da sich die lange Garzeit nur für ein größeres Fleischstück lohnt. Das Fleisch schmeckt auch besser, wenn man ein großes Stück gart. Die Saucen sind jedoch für 4 Personen gedacht. Das gekochte Rindfleisch, das Sie nicht gleich servieren, können Sie zum Beispiel in Scheiben schneiden, in ein passendes Geschirr geben, mit Fleischbrühe bedecken und nach dem Auskühlen einfrieren. Im Tiefkühlgerät können Sie es so bis zu drei Monaten lagern. Vor der Wiederverwendung auftauen lassen und bis knapp unter den Siedepunkt erhitzen, aber nicht aufkochen lassen, da sich das Fleisch sonst rot verfärbt. Wenn Sie wirklich einmal für 12 Personen kochen, verdreifachen Sie einfach die Menge der Saucen.

Fleischlaberln

Das Fleischlaberl (faschierte Laibchen) unterscheidet sich von der Frikadelle (Bulette, Fleischküchle, Fleischpflanzl) hauptsächlich durch die Knoblauchbeigabe.

Zutaten für 4 Personen:
1 Brötchen vom Vortag · 1 kleine Zwiebel · 2 Eßl. Butter · 1 Eßl. Petersilie, frisch gehackt · 500 g Faschiertes (Hackfleisch aus ⅔ Rindfleisch und ⅓ fettem Schweinefleisch) · 1 Ei · 2 Knoblauchzehen · 1 Messerspitze getrockneter zerriebener Majoran · Salz · schwarzer Pfeffer, frisch gemahlen · eventuell 1–2 Eßl. Semmelbrösel · ⅛ l Fleischbrühe, selbst gekocht oder aus Würfeln
Zum Braten: 3 Eßl. Butter

- Vorbereitungszeit: etwa 30 Minuten
- Garzeit: etwa 12 Minuten

So wird's gemacht:
1. Das Brötchen in kaltem Wasser einweichen.
2. Die Zwiebel schälen und fein hacken. Die Butter in einer Pfanne erhitzen. Die Zwiebelwürfel darin bei mittlerer Hitze glasig braten, dann die gehackte Petersilie kurz mitbraten.
3. Das Brötchen ausdrücken. Das Faschierte (Hackfleisch) in einer Schüssel mit der Brötchenmasse und dem Ei mischen. Die Zwiebel-Petersilien-Butter hinzufügen. Die Knoblauchzehen schälen und durch die Presse dazudrükken. Die Masse mit dem Majoran, Salz und Pfeffer würzen und zu einem geschmeidigen Teig verkneten. Wenn nötig, die Semmelbrösel hinzufügen. Mit nassen Händen runde Fleischlaberln (Frikadellen) formen.
4. Die Butter in einer Pfanne erhitzen. Die Fleischlaberln darin bei schwacher Hitze von beiden Seiten jeweils in etwa 6 Minuten braun braten. Die fertigen Fleischlaberln aus dem Fett nehmen und warm stellen.
5. Den Bratsatz mit der Fleischbrühe loskochen und durch ein feines Sieb gießen.
6. Die Sauce getrennt zu den Fleischlaberln servieren.

Das paßt dazu: Kartoffelpüree und grüner Salat

Schweinsbraten

Zutaten für 4 Personen:
1 kg Schweinefleisch, am besten Schopfbraten (Schweinenacken) · Salz · schwarzer Pfeffer, frisch gemahlen · 5 Knoblauchzehen · 3 Eßl. Schweineschmalz oder Öl · 1 Teel. Kümmel

- Vorbereitungszeit: etwa 20 Minuten
- Garzeit: etwa 1½ Stunden
- Ruhezeit: etwa 10 Minuten

So wird's gemacht:
1. Das Fleisch abspülen und mit Küchenpapier trockentupfen. Salz und Pfeffer in einem Schälchen mischen. Das Schweinefleisch damit ringsum kräftig einreiben. Die Knoblauchzehen schälen und in schmale Stifte schneiden. Den Braten mit einem spitzen Messer in gleichmäßigen Abständen einschneiden und mit den Knoblauchstiften spicken.
2. Den Backofen auf 220° vorheizen.
3. Das Schweineschmalz oder das Öl in einem Bräter auf dem Herd erhitzen. Das Fleisch darin von allen Seiten bei starker Hitze anbraten.
4. Das Schweinefleisch zuerst mit der schöneren Seite nach unten in die Bratenpfanne legen und im vorgeheizten Backofen in etwa 1½ Stunden knusprig braun braten. Dabei etwa alle 10 Minuten mit dem entstehenden Saft bestreichen. Wenn nötig, ganz wenig heißes

Wasser seitlich zugießen. Nach etwa der Hälfte der Garzeit den Braten wenden und mit dem Kümmel bestreuen. Das Fleisch ist gar, wenn es sich an der dicksten Stelle mit einer Fleischgabel ohne besonderen Widerstand einstechen läßt und aus der Einstichstelle wasserhelle Flüssigkeit austritt.

5. Den fertigen Schweinsbraten im abgeschalteten Backofen, locker in Alufolie gewickelt, 10 Minuten ruhen lassen.

6. Den Bratsatz mit etwas Wasser loskochen und durch ein feines Sieb gießen. Die Sauce mit Salz und Pfeffer abschmecken.

7. Den Schweinsbraten in fingerdicke Scheiben schneiden. Die Sauce dazu reichen.

Das paßt dazu: Erdäpfelknödel (Kartoffelknödel) oder Salzkartoffeln, Krautsalat (Rezept Seite 13) und ein kühles Bier

Zwiebelrostbraten

Zutaten für 4 Personen:
2 mittelgroße Zwiebeln · 2 Eßl. Mehl ·
4 Scheiben Rostbraten (Rinderschnitzel aus der hohen Rippe) von je etwa 180 g · Salz · schwarzer Pfeffer, frisch gemahlen · 2 Eßl. Öl · 2 Eßl. Butter
Für die Sauce: ⅛ l Fleischbrühe, selbst gekocht oder aus Würfeln · 1 Eßl. Butter
Zum Garnieren: 4 kleine Gewürzgurken

- Vorbereitungszeit: etwa 30 Minuten
- Garzeit: etwa 8 Minuten

So wird's gemacht:

1. Die Zwiebeln schälen und in möglichst gleichmäßig dünne Ringe schneiden.

2. Das Mehl auf einen flachen Teller geben.

3. Die Gewürzgurken zum Garnieren fächerartig aufschneiden.

4. Die Rostbratenscheiben kalt abspülen, trockentupfen, mit dem Handballen flachdrücken und an den Fetträndern mehrmals einschneiden.

5. Die Fleischscheiben auf beiden Seiten salzen und pfeffern und auf einer Seite durch das Mehl ziehen. Überschüssiges Mehl abschütteln.

6. Das Öl in einer großen Pfanne erhitzen.

7. Die Fleischstücke zuerst mit der bemehlten Seite in das heiße Öl geben und bei mittlerer Hitze jeweils etwa 4 Minuten von jeder Seite braten. Die Rostbratenscheiben sollen innen noch leicht rosa sein.

8. Während das Fleisch brät, in einer zweiten Pfanne die Butter erhitzen. Die Zwiebelringe darin bei mittlerer Hitze goldgelb und knusprig braten. Die Butter abgießen (sie wird nicht mehr gebraucht), die gebratenen Zwiebelringe salzen und warm stellen.

9. Die fertig gebratenen Fleischscheiben auf eine vorgewärmte Servierplatte geben und ebenfalls warm stellen.

10. Den Bratsatz mit der Fleischbrühe loskochen. Die Butter hinzufügen und alles über die Rostbratenscheiben gießen. Die gebratenen Zwiebelringe auf den Fleischscheiben verteilen.

11. Die Zwiebelrostbratenstücke mit den Gewürzgurken garniert servieren.

Wiener Backhendl

Zutaten für 4 Personen:
2 küchenfertige Masthähnchen von je etwa 800 g · 2 Eier · 100 g Mehl · 150 g Semmelbrösel · Salz
Zum Ausbacken: 250 g Schweineschmalz oder Öl
Zum Garnieren: 1 Bund krause Petersilie · 1 unbehandelte Zitrone

- Vorbereitungszeit: etwa 30 Minuten
- Garzeit: etwa 30 Minuten

So wird's gemacht:
1. Die Hähnchen waschen und in je 4 Teile schneiden. Die Haut von allen Hähnchenstükken abziehen. Von den Bruststücken auch die Knochen und knorpeligen Stellen entfernen.
2. Die Eier auf einem flachen Teller mit einer Gabel verquirlen. Das Mehl und die Semmelbrösel ebenfalls jeweils auf Teller geben.
3. Die Hähnchenteile leicht salzen und in dem Mehl wenden. Überschüssiges Mehl abschütteln. Die Hähnchenviertel danach in die verquirlten Eier tauchen, abtropfen lassen und zuletzt in den Semmelbröseln wälzen. Überflüssige Brösel gut abschütteln, da sie sonst beim Ausbacken verbrennen.
4. Das Schweineschmalz oder das Öl in einer großen Pfanne erhitzen. Das Fett soll nicht zu heiß sein, sondern nur leichte Bläschen bilden, wenn die Hähnchenstücke eingelegt werden.
5. Die panierten Hähnchenteile nacheinander in dem Fett bei mittlerer Hitze schwimmend in 12–15 Minuten goldbraun backen. Dabei die Pfanne häufig schwenken, damit Fett und Hähnchen ständig in Bewegung bleiben. Nach der Hälfte der Ausbackzeit die Hähnchenstükke vorsichtig umdrehen.
6. Die gebackenen Hähnchenviertel aus dem Fett nehmen, auf Küchenpapier gut abtropfen lassen und warm stellen.
7. Wenn alle Hähnchenstücke fertig sind, die Petersilie waschen, trockenschwenken und 1 Minute in dem Fett ausbacken.
8. Die Zitrone heiß waschen, trockentupfen und in 8 Spalten schneiden.
9. Die Wiener Backhendlstücke, mit der Petersilie und den Zitronenspalten garniert, auf einer vorgewärmten Platte anrichten.

Das paßt dazu: Kartoffelsalat, mit Gurkensalat gemischt

Gefüllte steirische Poularde

Die südsteirischen Poularden ergeben wie die berühmteren französischen Bresse-Poularden (aus der Gegend von Lyon) saftige, knusprige Festtagsbraten.

Zutaten für 4 Personen:
150 g Weißbrot ohne Rinde · ¼ l Milch · 1 küchenfertige steirische Poularde (Masthuhn) von etwa 1½ kg · 1 mittelgroße Zwiebel · 1 Bund Petersilie · 2 Blättchen Liebstöckel · 50 g Champignons · 2 Eßl. Butter · 2 Eier · Salz · weißer Pfeffer, frisch gemahlen · 2 Eßl. Öl · 1 Zweig Rosmarin · 1 Zweig Thymian · 1 Lorbeerblatt

- Vorbereitungszeit: etwa 30 Minuten
- Garzeit: etwa 2 Stunden

So wird's gemacht:
1. Das Weißbrot in der Milch einweichen.
2. Die Innereien aus der Bauchöffnung der Poularde nehmen und kalt abspülen. Die Leber und das Herz sorgfältig von Fett, Adern und Sehnen befreien und in kleine Würfel schneiden (der Magen wird nicht benötigt). Die Zwiebel schälen und fein hacken. Die Petersilie waschen, trockenschwenken, von den groben Stengeln befreien und fein hacken. Die Liebstöckelblättchen ebenfalls waschen und fein zerkleinern. Die Champignons putzen, abbrausen und in feine Scheibchen schneiden.
3. Die Butter in einer Pfanne erhitzen. Die Zwiebelwürfel darin glasig braten. Die Champignonscheiben hinzufügen und unter Umwenden leicht anbraten. Die Innereien dazugeben und unter Rühren mitbraten, bis sie sich grau färben. Vom Herd nehmen und abkühlen lassen.

4. Das Weißbrot ausdrücken und in eine Schüssel geben. Die abgekühlte Champignon-Innereien-Mischung dazugeben. Die Eier, die Petersilie und den Liebstöckel hinzufügen. Alles gut vermischen und mit Salz und Pfeffer abschmecken. Die Füllung leicht zusammendrükken und 10 Minuten ruhen lassen.
5. Den Backofen auf 220° vorheizen.
6. Die Poularde außen und innen kalt abspülen und trockentupfen. Salz und Pfeffer in einem Schälchen mischen. Die Poularde außen und innen damit einreiben.
7. Die Füllung in die Poularde geben. Die Poularde nur zu etwa drei Viertel füllen, da sich die Füllung beim Braten ausdehnt. Die Körperöffnungen zunähen oder mit Zahnstochern zustecken. Die Poularde mit dem Öl rundherum einpinseln.
8. Die Poularde mit der Brust nach unten in einen Bräter legen und die Keulenenden mit Alufolie umwickeln, damit sie nicht verbrennen. Den Bräter in den vorgeheizten Backofen stellen und die Poularde etwa 20 Minuten anbraten. Danach den Backofen auf 200° zurückschalten und den Rosmarin, den Thymian und das Lorbeerblatt neben die Poularde in den Bräter legen. Die Poularde in etwa 1½ Stunden fertig braten, dabei etwa alle 10 Minuten mit der Mischung aus Fett und Bratensaft bestreichen, die sich im Bräter sammelt. Nach etwa der Hälfte der Bratzeit die Poularde auf den Rücken drehen. Die Poularde ist gar, wenn bei einem Nadelstich ins Keulengelenk klarer Saft austritt.
9. Die fertige Poularde im abgeschalteten Backofen etwa 10 Minuten, locker in Alufolie gewickelt, ruhen lassen.
10. Die Poularde in 8 Stücke tranchieren und mit der Füllung auf einer vorgewärmten Platte anrichten.

Das paßt dazu: beliebiger Salat

Martinigansl mit Rotkraut und Erdäpfelknödeln

Bild Seite 28

Traditionsgemäß bringt man zu Martini (11. November) eine gebratene Gans auf den Tisch. Aber auch an anderen Festtagen wird diese Köstlichkeit gerne gegessen.

Zutaten für 8 Personen:
Für das Martinigansl: 1 bratfertige Gans von etwa 4 kg · Salz · schwarzer Pfeffer, frisch gemahlen · 1 Teel. getrockneter zerriebener Majoran · 4 kleine Äpfel · ¼ l kochendheißes Wasser
Für das Rotkraut: 1 großer Kopf Rotkraut (Rotkohl) von etwa 1 kg · Salz · schwarzer Pfeffer, frisch gemahlen · 2 mittelgroße säuerliche Äpfel · Saft von 1 Orange · Saft von 1 Zitrone · 1 Eßl. Essig · 3 Gewürznelken · 2 Eßl. Zucker · 50 g Gänseschmalz oder Butter · ¼ l Rotwein · ¼ l Wasser · 50 g Preiselbeerkompott · 1 kleine Kartoffel
Für die Erdäpfelknödel: 1250 g Erdäpfel (Kartoffeln) · Salz

- Vorbereitungszeit: etwa 20 Minuten
- Bratzeit: etwa 3½ Stunden
- Zubereitungszeit: etwa 1½ Stunden (während der Bratzeit)

So wird's gemacht:
1. Den Backofen auf 200° vorheizen.
2. Die Gans innen und außen kalt abspülen und mit einem Küchentuch gründlich trockentupfen. Die Gans innen und außen mit Salz und Pfeffer und innen zusätzlich mit dem Majoran einreiben. Die Äpfel waschen, von den Kerngehäusen befreien und ungeschält in die Gans füllen. Die Öffnung mit einem Küchenfaden zunähen.

3. Die Gans mit der Brust nach unten in eine geeignete Bratenpfanne legen und mit dem Wasser übergießen.
4. Die Bratenpfanne in den vorgeheizten Backofen stellen und die Gans in etwa 3½ Stunden langsam knusprig braun braten. Dabei die Gans etwa alle 15 Minuten mit dem eigenen Saft begießen. Nach etwa der Hälfte der Bratzeit die Gans auf den Rücken drehen.
5. Inzwischen die Beilagen bereiten: Von dem Rotkraut (Rotkohl) die unansehnlichen äußeren Blätter entfernen. Den Krautkopf vierteln, waschen und vom Strunk befreien. Das Kraut fein hobeln oder schneiden, in eine große Schüssel geben, salzen und pfeffern. Die Äpfel schälen, fein reiben und hinzufügen.
6. Aus dem Orangensaft, dem Zitronensaft und dem Essig eine Marinade bereiten. Die Gewürznelken und 1 Eßlöffel Zucker hinzufügen und die Marinade über das Kraut gießen. Das Rotkraut etwa 2 Stunden zugedeckt ruhen lassen.
7. Für die Erdäpfelknödel 750 g Erdäpfel (Kartoffeln) mit der Schale weich garen. Schälen und noch heiß durch die Presse drücken. Die durchgedrückten Erdäpfel so ausbreiten, daß sie gut trocknen können (zum Beispiel auf einem Backblech). Die Erdäpfel etwa 1½ Stunden auskühlen und trocknen lassen.
8. Nach der Ruhezeit für das Rotkraut in einem großen Topf das Gänseschmalz oder die Butter erhitzen, den restlichen Zucker darin karamelisieren lassen und mit dem Rotwein ablöschen. Das Kraut mit der Marinade hinzufügen und mit dem Wasser aufgießen. Das Preiselbeerkompott durch ein Sieb streichen und zum Kraut geben.
9. Das Rotkraut zugedeckt bei schwacher Hitze in etwa 30 Minuten weich schmoren. Dabei öfters umrühren, damit das Kraut nicht anbrennt. Wenn nötig, noch etwas Wasser zugießen.
10. Nach etwa der Hälfte der Garzeit die rohe Kartoffel schälen, waschen, reiben und unterrühren. Wenn das Kraut fertig ist, die Gewürznelken entfernen und das Rotkraut bis zum Servieren warm stellen.
11. Für die Erdäpfelknödel die restlichen rohen Erdäpfel schälen, waschen und in eine Schüssel mit kaltem Wasser reiben. Die geriebenen Erdäpfel mit einem Schaumlöffel in ein Tuch geben und gut ausdrücken. Dabei die ausgedrückte Flüssigkeit in einer Schüssel auffangen und stehenlassen, bis sich die Stärke am Boden abgesetzt hat. Dann das klare Wasser vorsichtig abgießen. Die abgesetzte Stärke mit den gekochten und rohen Erdäpfeln und etwa 2 Teelöffeln Salz zu einem festen Teig verarbeiten.
12. In einem großen Topf reichlich Salzwasser zum Kochen bringen.
13. Aus dem Erdäpfelteig faustgroße Knödel (Klöße) formen. Die Erdäpfelknödel in das kochende Salzwasser legen und bei mittlerer Hitze etwa 20 Minuten garen. Dabei nach etwa der Hälfte der Garzeit die Knödel vorsichtig umdrehen.
14. Die gekochten Erdäpfelknödel mit einem Schaumlöffel aus dem Salzwasser nehmen, gut abtropfen lassen und bis zum Servieren warm stellen.
15. Wenn das Martinigansl fertig gebraten ist, die Äpfel herausnehmen und halbieren.
16. Den Bratfond mit etwas Wasser loskochen und entfetten.
17. Die Gans in 8 Stücke tranchieren, wieder zusammensetzen und, von den Apfelhälften und den Erdäpfelknödeln umkränzt, auf einer vorgewärmten Platte anrichten.
18. Das Martinigansl mit der Bratensauce und dem Rotkraut servieren.

Hechtnockerln in Dillsauce

Bild nebenstehend

Bei dieser Alt-Wiener Spezialität ist es wichtig, daß alle Zutaten so kalt wie möglich verarbeitet werden, damit die Nockerln eine gute Bindung erhalten.

Zutaten für 4 Personen:
70 g Weißbrot ohne Rinde · ¼ l Sahne · 1 mittelgroße Zwiebel · 2 Eßl. Butter · 350 g Hechtfilet · 1 Ei · 1 Prise Muskatnuß, frisch gerieben · Salz · schwarzer Pfeffer, frisch gemahlen · ¾ l Fischbrühe (ersatzweise Salzwasser) · 1 Bund Dill · 1 Eßl. Mehl · eventuell ⅜ l Gemüsebrühe · 2 Eßl. saure Sahne · 1 Eßl. Zitronensaft

- Zubereitungszeit: etwa 45 Minuten

So wird's gemacht:
1. Das Weißbrot in kleine Würfel schneiden, in der Sahne einweichen und kalt stellen.
2. Die Zwiebel schälen und fein hacken. 1 Eßlöffel Butter in einer Pfanne erhitzen und die Hälfte der Zwiebelwürfel darin glasig braten. Dann auskühlen lassen. Die restlichen Zwiebelwürfel für die Sauce bereithalten.
3. Das Hechtfilet von eventuell vorhandenen Gräten befreien, kalt abspülen, trockentupfen und in Streifen schneiden. Die Hechtfiletstreifen mit den gebratenen Zwiebelwürfeln zweimal durch die feine Scheibe des Fleischwolfes drehen, dann in einer Schüssel mit den Weißbrotwürfeln und der Sahne vermischen. Das Ei und den Muskat hinzufügen. Die Nockerlmasse mit Salz und Pfeffer abschmecken, durch ein Sieb streichen und kurze Zeit kalt stellen.
4. Die Fischbrühe oder das Salzwasser in einem weiten Topf zum Kochen bringen.
5. Aus der Fischmasse mit einem in heißes Wasser getauchten Eßlöffel Nockerln (längliche Klößchen) formen und in die leicht kochende Fischbrühe einlegen. Die Hechtnockerln bei schwacher Hitze in 10–12 Minuten offen gar ziehen lassen.
6. Den Dill waschen, trockenschwenken, die Stengel beiseite legen und die Dillspitzen fein hacken.
7. Die Hechtnockerln aus der Fischbrühe oder dem Salzwasser nehmen, gut abtropfen lassen und warm stellen. Falls Fischbrühe zum Kochen der Nockerln verwendet wurde, etwa die Hälfte davon für die Sauce bereithalten.
8. Die restliche Butter in einer Pfanne erhitzen und die verbliebenen Zwiebelwürfel darin glasig braten. Das Mehl darüber streuen und mit der Fisch- oder der Gemüsebrühe aufgießen. Die Dillstengel hinzufügen und die Sauce aufkochen lassen. Die Sauce vom Herd nehmen, die saure Sahne einrühren und die Sauce nochmals bis kurz vor dem Siedepunkt erhitzen, aber nicht mehr kochen lassen. Die Sauce durch ein Sieb gießen, die feingehackten Dillspitzen hinzufügen, mit Salz, Pfeffer und dem Zitronensaft abschmecken.
9. Die Hechtnockerln mit der Dillsauce übergossen servieren.

Das paßt dazu: Reis oder neue Kartoffeln

Diese österreichische Spezialität ist einfacher zuzubereiten, als das köstliche Ergebnis vermuten läßt. Das Rezept für Hechtnockerln in Dillsauce finden Sie auf dieser Seite. ▷

Gebackener Weihnachtskarpfen

Das traditionelle Weihnachtsessen schmeckt natürlich auch an anderen (Fest-)Tagen.

Zutaten für 4 Personen:
1 ausgenommener Karpfen von etwa 1½ kg · Salz · schwarzer Pfeffer, frisch gemahlen · Saft von 1 Zitrone · 2 Eier · 100 g Mehl · 150 g Semmelbrösel
Zum Ausbacken: 250 g Öl
Zum Garnieren: 1 Bund krause Petersilie · 1 unbehandelte Zitrone

- Vorbereitungszeit: etwa 20 Minuten
- Ruhezeit: 30 Minuten
- Garzeit: etwa 25 Minuten

So wird's gemacht:
1. Den Karpfen eventuell schuppen, dann unter fließendem Wasser gründlich waschen und vom Kopf, dem Schwanz und den Flossen befreien. Den Karpfen in 8 gleich dicke Koteletts schneiden. In einem Schälchen Salz und Pfeffer vermischen. Die Karpfenscheiben von allen Seiten leicht damit einreiben, mit dem Zitronensaft beträufeln und 30 Minuten zugedeckt im Kühlschrank ruhen lassen.
2. Die Eier auf einem flachen Teller mit einer Gabel verquirlen. Das Mehl und die Semmelbrösel ebenfalls jeweils auf Teller geben.

◁ Am 11. November feiert man das Martinsfest (Martini) zu Ehren eines katholischen Heiligen. Zu den volkstümlichen Bräuchen zählt an diesem Tag die Zubereitung einer Martinigans. Das Rezept für Martinigansl mit Rotkraut und Erdäpfelknödeln steht auf Seite 24.

3. Die Karpfenstücke in dem Mehl wenden. Überschüssiges Mehl abschütteln. Die Karpfenteile danach in die verquirlten Eier tauchen, abtropfen lassen und zuletzt in den Semmelbröseln wälzen. Überflüssige Brösel gut abschütteln, da sie sonst verbrennen.

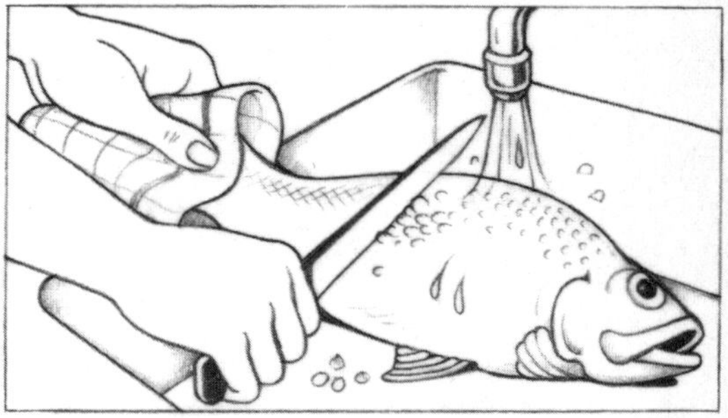

Den Fisch zum Schuppen mit einem Tuch gut festhalten und unter fließendem Wasser schuppen.

4. Das Öl in einer großen Pfanne erhitzen. Die panierten Karpfenscheiben darin nacheinander bei mittlerer Hitze von beiden Seiten jeweils etwa 6 Minuten backen. Die Fischstücke sind gar, wenn man sie an der dicksten Stelle mit einer Gabel leicht einstechen kann. Die fertigen Karpfenstücke aus dem Fett nehmen, auf Küchenpapier gut abfetten lassen und warm stellen.
5. Die Petersilie waschen, trockenschwenken und in kleine Sträußchen teilen.
6. Die Zitrone heiß waschen, trockentupfen und in 8 Spalten schneiden.
7. Den gebackenen Weihnachtskarpfen mit den Petersiliensträußchen und den Zitronenspalten garniert auf einer vorgewärmten Platte anrichten.

Das paßt dazu: Erdäpfelsalat (Kartoffelsalat, Rezept Seite 13)

Herzhafte Hausmannskost

Kärntner Kasnudeln

Zutaten für 4 Personen:
300 g Mehl · 3 Eier · Salz · 120 g mehlige Kartoffeln · 250 g Magerquark · 2 Eßl. saure Sahne · 2 Eßl. Kräuter (Petersilie, Kerbel, etwas Pfefferminze), frisch gehackt · 1 Prise Muskatnuß, frisch gerieben · schwarzer Pfeffer, frisch gemahlen · 1 Eiweiß · 100 g Räucherspeck
Für die Arbeitsfläche: Mehl

- Vorbereitungszeit: etwa 50 Minuten
- Garzeit: 10–12 Minuten

So wird's gemacht:
1. Das Mehl hügelartig auf eine Arbeitsfläche sieben. In die Mitte eine Mulde drücken. Die Eier hineinschlagen und 1 Prise Salz hinzufügen. Alles von außen nach innen rasch zu einem glatten, nicht zu weichen Teig verkneten. Wenn nötig, ganz wenig kaltes Wasser dazugeben, damit sich alle Zutaten gut verbinden.
2. Den Teig mit dem Handballen etwa 15 Minuten durchkneten, bis er seidig glänzt. Den Teig unter einer umgestülpten Schüssel etwa 30 Minuten ruhen lassen.
3. Inzwischen für die Füllung die Kartoffeln mit der Schale weich kochen. Schälen und noch heiß durch die Presse in eine Schüssel drücken. Die Kartoffeln mit dem Magerquark und der sauren Sahne vermengen. Die Kräuter und den Muskat hinzufügen und alles gut vermischen. Die Füllung mit Salz und Pfeffer pikant abschmecken.
4. In einem großen Topf reichlich Salzwasser zum Kochen bringen.
5. Das Eiweiß mit 1 Teelöffel kaltem Wasser in einer Tasse verquirlen.
6. Den Teig auf einer bemehlten Arbeitsfläche etwa 2 mm dick ausrollen und mit einer runden Ausstechform oder einem Glas Kreise von etwa 8 cm Ø ausstechen. In die Mitte eines jeden Kreises 1 Teelöffel Füllung geben. Die Ränder mit dem verquirlten Eiweiß bestreichen. Die gefüllten Teigstücke zu halbmondförmigen Täschchen schließen. Die Ränder sorgfältig zusammendrücken.
7. Die Kasnudeln in das kochende Wasser geben und in 10–12 Minuten gar ziehen lassen.
8. Inzwischen den Räucherspeck klein würfeln und in einer Pfanne bei mittlerer Hitze knusprig braten.
9. Die Kasnudeln mit einem Schaumlöffel aus dem Wasser nehmen und abtropfen lassen.
10. Die Kärntner Kasnudeln auf vorgewärmten Tellern mit den gebratenen Speckwürfeln bestreut servieren.

Das paßt dazu: grüner Salat

Überbackene Schinkenfleckerln

Zutaten für 4 Personen:
200 g Mehl · 4 Eier · Salz · 200 g gekochter magerer Schinken im Stück · 1 mittelgroße Zwiebel · 2 Eßl. Butter · 1 Bund Petersilie · 3 l Wasser · 1 Eßl. Öl · ⅛ l saure Sahne · 1 Prise Muskatnuß, frisch gerieben · schwarzer Pfeffer, frisch gemahlen
Für die Arbeitsfläche: Mehl
Für die Form: Butter und Semmelbrösel
Zum Bestreuen: 1 Eßl. Semmelbrösel · 1 Eßl. kalte Butter

- Vorbereitungszeit: etwa 1½ Stunden
- Backzeit: etwa 30 Minuten

So wird's gemacht:
1. Das Mehl hügelartig auf eine Arbeitsfläche sieben. In die Mitte eine Mulde drücken. 2 Eier hineinschlagen und 1 Prise Salz hinzufügen. Al-

les von außen nach innen rasch zu einem glatten Teig verkneten. Wenn nötig, ganz wenig kaltes Wasser dazugeben, damit sich alle Zutaten gut verbinden.
2. Den Teig mit dem Handballen etwa 15 Minuten durchkneten, bis er seidig glänzt. Den Teig unter einer umgestülpten Schüssel 30 Minuten ruhen lassen.
3. Danach den Teig auf einer bemehlten Arbeitsfläche messerrückendick ausrollen und etwa 10 Minuten trocknen lassen.
4. Inzwischen den Schinken mittelfein hacken. Die Zwiebel schälen und fein hacken. Die Butter in einer Pfanne erhitzen, die Zwiebelwürfel darin glasig braten und auskühlen lassen.
5. Die Petersilie waschen, trockenschwenken, von den groben Stengeln befreien und fein hacken.
6. Den Fleckerlteig erst längs, dann quer in etwa 1 cm breite Streifen schneiden, so daß Fleckerln (Quadrate) entstehen.
7. Das Wasser zum Kochen bringen, das Öl und 1½ Teelöffel Salz hinzufügen. Die Fleckerln darin in etwa 6 Minuten bißfest garen, danach in ein großes Sieb schütten und gut abtropfen lassen.
8. Den Backofen auf 200° vorheizen.
9. Eine feuerfeste Form mit Butter ausstreichen und mit Semmelbröseln ausstreuen.
10. Die restlichen Eier in Eigelbe und Eiweiße trennen. Die Eigelbe in einer Schüssel mit der sauren Sahne verquirlen. Die abgetropften Fleckerln, den gehackten Schinken und die Zwiebelwürfel samt Butter untermengen. Die gehackte Petersilie und den Muskat hinzufügen, salzen und pfeffern. Die Eiweiße zu sehr steifem Schnee schlagen und vorsichtig unterziehen.
11. Die Schinkenfleckerlmasse in die Form füllen, die Semmelbrösel darüber streuen und die Butter in Flöckchen obenauf setzen.
12. Die Schinkenfleckerln auf der mittleren Schiene des Backofens in etwa 30 Minuten goldbraun überbacken.

Das paßt dazu: grüner Salat

Mein Tip: Sie können für diese Wiener Spezialität auch 300 g gekaufte Teigwaren (in Österreich: Fleckerln, sonst: Bandnudeln oder Makkaroni) verwenden. In diesem Fall verlängert sich die Garzeit für die Nudeln um 3–5 Minuten.

Käsespätzle

Zutaten für 4 Personen:
Salz · 400 g Mehl · 4 Eier · 1 Prise Muskatnuß, frisch gerieben · etwa 200 ccm Milch · 4 Eßl. Butter · 200 g würziger Käse (zum Beispiel Räßkäse oder Emmentaler), frisch gerieben · 2 mittelgroße Zwiebeln

- Zubereitungszeit: etwa 40 Minuten

So wird's gemacht:
1. In einem großen Topf reichlich Salzwasser zum Kochen bringen.
2. Das Mehl, die Eier, den Muskat, etwas Salz und die Milch in einer Schüssel rasch zu einem glatten, nicht zu festen Teig verarbeiten. Wenn nötig, noch etwas Milch dazugeben.
3. Den Spätzleteig sofort mit einem Spätzlehobel oder mit einem Messer von einem nassen Brett in das kochende Salzwasser schaben und einige Minuten ziehen lassen. Die Spätzle sind gar, wenn sie an die Oberfläche kommen.
4. Inzwischen die Hälfte der Butter in einer großen Pfanne zerlassen.
5. Den Backofen auf 100° vorheizen.
6. Eine servierfähige feuerfeste Schüssel (zum Beispiel Auflaufform) vorwärmen.

7. Die Spätzle mit einem Schaumlöffel aus dem Wasser nehmen, abtropfen lassen und in der geschmolzenen Butter schwenken. Abwechselnd mit dem geriebenen Käse schichtweise in die vorgewärmte Schüssel geben.
8. Die Schüssel zugedeckt etwa 5 Minuten in den vorgewärmten Backofen stellen, damit der Käse schmelzen kann.
9. Inzwischen die Zwiebeln schälen und in dünne Ringe schneiden. Die restliche Butter in einer Pfanne erhitzen, die Zwiebelringe darin bei mittlerer Hitze goldbraun rösten.
10. Die Käsespätzle mit den gerösteten Zwiebelringen bestreut servieren.

Das paßt dazu: grüner Salat

Krautfleckerln

Der Schriftsteller Friedrich Torberg läßt seine »Tante Jolesch« auf die Frage, warum ihre Krautfleckerln immer so unvergleichlich gut geschmeckt haben, antworten: »Weil ich nie genug gemacht hab . . .«.

Zutaten für 4 Personen:
200 g Mehl · 2 Eier · Salz · 1 mittelgroße Zwiebel · 1 kleiner Kopf Weißkraut (Weißkohl) von etwa 600 g · 3 Eßl. Schweineschmalz oder Butter · 1 Eßl. Zucker · 1 Eßl. Essig · etwa ⅛ l heiße Fleischbrühe oder Wasser · 1 Teel. gemahlener Kümmel · schwarzer Pfeffer, frisch gemahlen · 3 l Wasser · 1 Eßl. Öl
Für die Arbeitsfläche: Mehl

- Zubereitungszeit: etwa 1½ Stunden

So wird's gemacht:
1. Das Mehl hügelartig auf eine Arbeitsfläche sieben. In die Mitte eine Mulde drücken. Die Eier hineinschlagen und 1 Prise Salz hinzufügen. Alles von außen nach innen rasch zu einem glatten Teig verkneten. Wenn nötig, ganz wenig kaltes Wasser dazugeben, damit sich alle Zutaten gut verbinden.
2. Den Teig mit dem Handballen etwa 15 Minuten durchkneten, bis er seidig glänzt. Den Teig unter einer umgestülpten Schüssel 30 Minuten ruhen lassen.
3. Inzwischen die Zwiebel schälen und fein hacken. Vom Weißkraut (Weißkohl) die unansehnlichen äußeren Blätter entfernen. Den Krautkopf vierteln, waschen, vom Strunk befreien und fein hobeln oder schneiden.
4. Das Schweineschmalz oder die Butter in einer großen Pfanne erhitzen. Die Zwiebelwürfel darin glasig braten. Den Zucker darüber streuen und karamelisieren lassen. Mit dem Essig ablöschen und mit der Fleischbrühe oder dem Wasser aufgießen.
5. Das zerkleinerte Kraut und den Kümmel hinzufügen, salzen, pfeffern und zugedeckt bei schwacher Hitze in etwa 30 Minuten weich schmoren. Dabei häufig umrühren, damit das Kraut nicht anbrennt. Wenn nötig, noch etwas Wasser dazugießen.
6. Den Nudelteig auf einer bemehlten Arbeitsfläche messerrückendick ausrollen und etwa 10 Minuten trocknen lassen. Dann den Teig mit einem scharfen Messer oder einem Teigrädchen erst längs und dann quer in etwa 1 cm breite Streifen schneiden, so daß Fleckerln (Quadrate) entstehen.
7. Das Wasser zum Kochen bringen, das Öl und 1½ Teelöffel Salz hinzufügen. Die Fleckerln darin in etwa 6 Minuten bißfest garen, danach in ein großes Sieb schütten und gut abtropfen lassen.
8. Die Fleckerln unter das Kraut mischen und alles noch kurze Zeit zusammen schmoren lassen.
9. Die Krautfleckerln in einer vorgewärmten Schüssel servieren.

Krautstrudel aus dem Burgenland

Zutaten für 4 Personen:
Für den Teig: 200 g Mehl · 1 Ei · 1 Eßl. Öl · 1 Prise Salz · etwa 1/16 l lauwarmes Wasser
Zum Bestreichen des Teiges: Öl
Für die Füllung: 1 kleine Zwiebel · 1 Kopf Weißkraut (Weißkohl) von etwa 800 g · 2 Eßl. Schweineschmalz oder Butter · 1 Eßl. Zucker · 1 Eßl. Essig · etwa 1/8 l heiße Fleischbrühe oder Wasser · 1 Teel. gemahlener Kümmel · Salz · schwarzer Pfeffer, frisch gemahlen · 1/8 l saure Sahne
Für das Backblech und zum Bestreichen des Strudels: etwa 50 g Butter
Für das Tuch und die Hände: Mehl

- Vorbereitungszeit: etwa 1 1/4 Stunden
- Backzeit: etwa 45 Minuten

So wird's gemacht:
1. Das Mehl hügelartig auf eine Arbeitsfläche sieben. In die Mitte eine Mulde drücken. Das Ei hineinschlagen, das Öl und das Salz hinzufügen. Alles von außen nach innen zu einem glatten Teig verarbeiten, dabei nach und nach so viel Wasser dazugießen, bis der Teig von mittelfester Konsistenz ist.
2. Den Strudelteig mit dem Handballen etwa 15 Minuten durchkneten, bis er seidig glänzt. Den Teig zu einer Kugel formen, mit Öl bestreichen und unter einer umgestülpten Schüssel etwa 30 Minuten ruhen lassen.
3. Inzwischen für die Füllung die Zwiebel schälen und fein hacken. Vom Weißkraut (Weißkohl) die unansehnlichen äußeren Blätter entfernen. Den Krautkopf vierteln, waschen, vom Strunk befreien und fein hobeln oder schneiden.
4. Das Schweineschmalz oder die Butter in einer großen Pfanne erhitzen. Die Zwiebelwürfel darin glasig braten. Den Zucker darüber streuen und karamelisieren lassen. Mit dem Essig ablöschen und mit der Fleischbrühe oder dem Wasser aufgießen. Das zerkleinerte Weißkraut und den Kümmel hinzufügen, nach Geschmack salzen und pfeffern.
5. Das Kraut zugedeckt bei schwacher Hitze in etwa 20 Minuten nicht zu weich dünsten. Dabei häufig umrühren, damit das Kraut nicht anbrennt. Wenn nötig, noch etwas Fleischbrühe oder Wasser angießen. Die Flüssigkeit soll aber zum Schluß vollständig verdampft sein.
6. Das fertige Kraut etwas abkühlen lassen und mit der sauren Sahne vermischen.
7. Auf einen Tisch ein großes Tuch legen und gleichmäßig mit Mehl bestreuen. Den Teig darauf so dünn wie möglich ausrollen. Dann den Strudelteig mit beiden bemehlten Handrücken vorsichtig anheben und langsam von der Mitte nach außen ziehen. Der Teig soll so durchsichtig sein, daß man eine daruntergelegte Zeitung lesen könnte. Die dicken Teigenden wegschneiden.
8. Die Butter zum Bestreichen in einer Pfanne zerlassen. Ein Backblech dünn mit Butter bestreichen.
9. Den Backofen auf 200° vorheizen.
10. Den Strudelteig dünn mit zerlassener Butter bestreichen. Die Krautfüllung gleichmäßig auf dem Teig verteilen, dabei ringsum einen etwa 3 cm breiten Rand frei lassen. Das Tuch anheben und den Strudel einrollen, dabei die seitlichen Teigränder einschlagen.
11. Den Strudel mit der Nahtstelle nach unten, eventuell in U-Form, auf das gefettete Backblech gleiten lassen.
12. Den Krautstrudel mit zerlassener Butter bestreichen und im vorgeheizten Backofen in etwa 45 Minuten goldbraun backen.
13. Den fertigen Krautstrudel in etwa 8 cm breite Stücke schneiden und sofort servieren.

Tiroler Speckknödel

Sie sind das bekannteste Gericht der Tiroler Küche. Man kann die Knödel »zu Wasser« (in der Suppe) oder »zu Lande« (als Hauptgericht oder Beilage) servieren.

Zutaten für 4 Personen:
6 Brötchen vom Vortag oder 300 g Knödelbrot · 1 kleine Zwiebel · 150 g durchwachsener Räucherspeck · 150 g gekochtes geräuchertes Schweinefleisch · 2 Eier · etwa ⅛ l Milch · etwa 3 Eßl. Mehl · 1 Eßl. weiche Butter · 2 Eßl. Petersilie, frisch gehackt · 1 Eßl. Schnittlauch, frisch fein geschnitten · 1 Teel. getrockneter zerriebener Majoran · Salz

- Vorbereitungszeit: etwa 30 Minuten
- Ruhezeit: 30 Minuten
- Garzeit: 12–15 Minuten

So wird's gemacht:
1. Die Brötchen in Würfel von etwa 1 cm Größe schneiden und in eine große Schüssel geben. (In Österreich und Süddeutschland kann man fertig geschnittenes Knödelbrot kaufen.) Die Zwiebel schälen und fein hacken.
2. Den Speck fein würfeln, in einer Pfanne bei mittlerer Hitze auslassen und die Zwiebelwürfel darin glasig anbraten. Diese Mischung zu den Brötchenwürfeln geben. Das Schweinefleisch fein würfeln und untermengen. Die Eier mit der Milch verquirlen und darüber gießen. Das Mehl, die Butter, die Petersilie und den Schnittlauch hinzufügen. Die Knödelmasse mit dem Majoran und etwas Salz abschmecken.
3. Alle Zutaten gut vermischen, fest zusammendrücken und 30 Minuten ruhen lassen.
4. In einem großen Topf reichlich Salzwasser zum Kochen bringen.
5. Mit feuchten Händen 8 Knödel (Klöße) formen. Falls die Knödelmasse zu fest oder zu weich ist, noch etwas Milch beziehungsweise Mehl hinzufügen.
6. Die Knödel in das kochende Salzwasser geben, die Hitze verringern und die Knödel in etwa 12–15 Minuten offen gar ziehen lassen.
7. Die fertigen Tiroler Speckknödel mit einem Schaumlöffel herausnehmen und gut abgetropft servieren.

Ritschert

Vor allem in der Steiermark und in Kärnten ist der kräftige Eintopf sehr beliebt. Der vorzügliche Geschmack lohnt die lange Garzeit.

Zutaten für 4 Personen:
150 g getrocknete weiße Bohnen · 2 l Wasser · 1 geselchte Schweinsstelze (geräucherte Schweinshaxe, Eisbein) von etwa 1½ kg · 1 Zwiebel · 2 Lorbeerblätter · 200 g Rollgerste (Graupen) · 1 kleine Sellerieknolle · 2 mittelgroße Möhren · 1 große Petersilienwurzel · 1 Knoblauchzehe · 1 Teel. getrockneter zerriebener Majoran · 1 kleiner Zweig Liebstöckel · 1 Eßl. Essig · Salz · schwarzer Pfeffer, frisch gemahlen

- Quellzeit: 8–12 Stunden
- Vorbereitungszeit: etwa 30 Minuten
- Garzeit: etwa 3 Stunden

So wird's gemacht:
1. Die Bohnen waschen und in dem Wasser 8–12 Stunden, am besten über Nacht, quellen lassen.
2. Die Bohnen abgießen, dabei das Einweichwasser auffangen. Die Schweinsstelze (Schweinshaxe, Eisbein) waschen und in einen großen Topf legen. So viel Bohneneinweichwasser darüber gießen, daß das Fleisch davon bedeckt ist. Die Zwiebel schälen, mit den Lorbeerblättern bestecken und dazugeben.

3. Das Wasser zum Kochen bringen und die Schweinsstelze zugedeckt in etwa 1 ½ Stunden bei schwacher Hitze weich kochen.
4. Das Fleisch und die Zwiebel mit den Lorbeerblättern aus der Brühe nehmen.
5. Die Bohnen in die Brühe geben und 30 Minuten zugedeckt bei mittlerer Hitze garen.
6. Die Rollgerste (Graupen) waschen, hinzufügen und zusammen mit den Bohnen weitere 20 Minuten kochen. Eventuell noch etwas Wasser dazugießen, damit das Gargut immer gerade davon bedeckt ist.
7. Inzwischen die Sellerieknolle, die Möhren und die Petersilienwurzel putzen, waschen, schälen und in etwa 1 cm große Würfel schneiden. Die Knoblauchzehe schälen und hacken.
8. Die Gemüsewürfel, den Knoblauch und den Majoran zum Eintopf geben und alles weitere 20 Minuten kochen lassen.
9. Das Fleisch von den Knochen lösen und in Würfel von etwa 2 cm Größe schneiden.
10. Die Fleischwürfel zum Eintopf geben und in etwa 10 Minuten erhitzen. Die Liebstöckelblätter vom Stengel zupfen, waschen, kleinschneiden und hinzufügen.
11. Den Eintopf vor dem Servieren mit dem Essig, Salz und Pfeffer pikant abschmecken.

Grammelknödel

Zutaten für 4 Personen:
900 g mehlige Kartoffeln · 200 g Mehl · 30 g Grieß · 2 Eßl. Butter · 1 Ei · 2 Eigelb · 1 Prise Muskatnuß, frisch gerieben · Salz · 300 g Grammeln (Grieben) · 1 Bund Petersilie · 1 kleine Zwiebel · 2 Eßl. Schweineschmalz oder Öl · 1 Knoblauchzehe · schwarzer Pfeffer, frisch gemahlen
Für die Arbeitsfläche: Mehl

- Vorbereitungszeit: etwa 50 Minuten
- Garzeit: etwa 12 Minuten

So wird's gemacht:
1. Die Kartoffeln mit der Schale weich kochen. Dann schälen und noch heiß durch die Presse drücken. Die Kartoffeln mit dem Mehl, dem Grieß, der Butter, dem Ei und den Eigelben zu einem glatten Teig verarbeiten. Den Kartoffelteig mit dem Muskat und etwas Salz würzen und kurz ruhen lassen.
2. Inzwischen für die Füllung die Grammeln (Grieben) fein hacken. Die Petersilie waschen, trockenschwenken und fein hacken. Die Zwiebel schälen und klein würfeln.
3. Das Schweineschmalz oder das Öl in einer Pfanne erhitzen. Die Zwiebelwürfel und die gehackten Grammeln darin leicht anbraten. Die Petersilie hinzufügen und kurz mitbraten. Die Knoblauchzehe schälen und durch die Presse dazudrücken. Die Grammelfüllung mit Salz und Pfeffer pikant abschmecken.
4. Die Füllung abkühlen lassen und zu 12 kleinen Kugeln formen.
5. In einem großen Topf reichlich Salzwasser zum Kochen bringen.
6. Den Teig auf einer bemehlten Arbeitsfläche zu einer Rolle formen, in 12 gleich große Stükke schneiden und flachdrücken. Jede kleine Grammelkugel mit einem Teigstück umhüllen und Knödel (Klöße) daraus formen.
7. Die Grammelknödel in das kochende Salzwasser geben und bei schwacher Hitze in etwa 12 Minuten gar ziehen lassen.
8. Die Grammelknödel abgetropft servieren.

Das paßt dazu: Sauerkraut

Mein Tip: Anstelle der Grammeln (Grieben) können Sie auch 350 g gekochtes mageres Räucherfleisch oder Bratenreste verwenden. Das Fleisch fein hacken oder durch den Fleischwolf drehen.

Tiroler Schlutzkrapfen

Bild nebenstehend

Ein beliebtes bodenständiges Gericht, das auch unter dem Namen Schlipfkrapfen bekannt ist.

Zutaten für 4 Personen:
300 g Mehl · 4 Eier · Salz · 300 g Blattspinat · 125 g Quark (20% Fett) · 50 g Emmentaler, frisch gerieben · 1 Prise Muskatnuß, frisch gerieben · weißer Pfeffer, frisch gemahlen
Zum Bestreichen: 1 Eiweiß
Zum Beträufeln: 2 Eßl. Butter
Zum Bestreuen: 50 g Emmentaler, frisch gerieben · 2 Eßl. Schnittlauch, frisch fein geschnitten
Für die Arbeitsfläche: Mehl

- Vorbereitungszeit: etwa 1 Stunde
- Garzeit: etwa 10 Minuten

So wird's gemacht:

1. Das Mehl hügelartig auf eine Arbeitsfläche sieben. In die Mitte eine Mulde drücken, 3 Eier hineinschlagen und 1 Prise Salz hinzufügen. Alles von außen nach innen rasch zu einem glatten, nicht zu weichen Teig verkneten. Wenn nötig, ganz wenig kaltes Wasser dazugeben, damit sich alle Zutaten gut verbinden.
2. Den Teig mit dem Handballen etwa 15 Minuten durchkneten, bis er seidig glänzt. Den Teig unter einer umgestülpten Schüssel etwa 30 Minuten ruhen lassen.
3. Inzwischen den Spinat putzen, gründlich waschen und in einem Topf mit ganz wenig Salzwasser kurz überbrühen. Dann abgießen, abtropfen lassen, ausdrücken und fein hacken. Den gehackten Spinat in einer Schüssel mit dem Quark, dem geriebenen Käse und dem restlichen Ei gut vermengen. Die Füllung mit der Muskatnuß, Salz und Pfeffer abschmecken.
4. Das Eiweiß in einer Tasse mit 1 Teelöffel Wasser verquirlen.
5. Den Teig auf einer bemehlten Arbeitsfläche etwa 2 mm dick ausrollen. Mit einer runden Ausstechform oder einem Glas Kreise von etwa 8 cm Ø ausstechen.
6. In einem großen Topf reichlich Salzwasser zum Kochen bringen.
7. In die Mitte eines jeden Kreises 1 Teelöffel Füllung geben. Die freien Ränder mit dem verquirlten Eiweiß bestreichen. Die Teigstücke zu halbmondförmigen Täschchen schließen und die Ränder sorgfältig zusammendrücken.
8. Die Schlutzkrapfen in das kochende Salzwasser geben und bei schwacher Hitze in etwa 10 Minuten gar ziehen lassen.
9. Die Butter in einer Pfanne schmelzen lassen.
10. Die Schlutzkrapfen mit einem Schaumlöffel aus dem Wasser nehmen, gut abtropfen lassen und auf vorgewärmte Teller verteilen.
11. Die Tiroler Schlutzkrapfen mit der geschmolzenen Butter beträufeln und mit dem geriebenen Emmentaler und dem Schnittlauch bestreuen.

Das paßt dazu: grüner Salat

Tiroler Schlutzkrapfen mit einer Füllung aus Quark und Spinat sind ein äußerst beliebtes Gericht der österreichischen Hausmannskost. Rezept auf dieser Seite. ▷

Tiroler Gröstl

In ein echtes Tiroler Gröstl gehört Schweinefleisch. Verwendet man Rindfleisch, ergibt das ein Bauerngröstl. Mit Kalbfleisch dagegen wird es zum Herrengröstl.

Zutaten für 4 Personen:
600 g gekochte Kartoffeln · 1 mittelgroße Zwiebel · 300 g gegartes Schweinefleisch (Bratenreste oder gekochter Schinken) · 80 g Schweineschmalz oder Butter · Salz · schwarzer Pfeffer, frisch gemahlen · 1 Teel. getrockneter zerriebener Majoran · 1 Bund Petersilie
Eventuell für die Spiegeleier: 2 Eßl. Butter · 4 Eier · Salz

- Vorbereitungszeit: etwa 15 Minuten
- Garzeit: etwa 20 Minuten

So wird's gemacht:
1. Die kalten Kartoffeln schälen und in dünne Scheiben schneiden. Die Zwiebel schälen und fein hacken. Das Schweinefleisch in kleine Würfel schneiden.
2. Das Schweineschmalz oder die Butter in einer großen Pfanne erhitzen. Die Zwiebelwürfel darin leicht anbraten. Die Kartoffelscheiben und die Fleischwürfel dazugeben. Mit Salz, Pfeffer und dem Majoran würzen. Bei mittlerer Hitze unter häufigem Wenden etwa 15 Minuten rösten, bis die Kartoffeln zu bräunen beginnen.
3. Die Petersilie waschen, trockenschwenken, fein hacken und über das fertige Tiroler Gröstl streuen.
4. Eventuell die Butter in einer Pfanne erhitzen. Die Eier darin braten, salzen und jede Portion Tiroler Gröstl mit 1 Spiegelei garnieren.

Das paßt dazu: grüner Salat

◁ Für die Krautwickel (von rechts nach links) das Kraut blanchieren. Zwiebel und Knoblauch andünsten, dann mit den restlichen Zutaten für die Füllung vermischen. Die Füllung auf den Krautblättern verteilen, diese aufwickeln und in eine feuerfeste Form geben. Fleischbrühe angießen und die Krautwickel im heißen Ofen garen. Rezept Seite 40.

Eiernockerln

Ein preiswertes Gericht, das sich leicht und schnell zubereiten läßt und köstlich schmeckt.

Zutaten für 4 Personen:
Salz · 400 g Mehl · 8 Eier · 1 Prise Muskatnuß, frisch gerieben · etwa 200 ccm Milch · 1 Bund Schnittlauch · 2 Eßl. Butter

- Zubereitungszeit: etwa 30 Minuten

So wird's gemacht:
1. In einem großen Topf reichlich Salzwasser zum Kochen bringen.
2. Das Mehl, 4 Eier, den Muskat, etwas Salz und die Milch in einer Schüssel rasch zu einem glatten, nicht zu festen Teig verarbeiten. Wenn nötig, noch etwas Milch dazugeben.
3. Von diesem Teig sofort, am besten mit einem in heißes Wasser getauchten Eßlöffel, etwa 4 cm lange Nockerln (längliche Klößchen) abstechen. Die Nockerln in das kochende Salzwasser geben und bei schwacher Hitze in etwa 8 Minuten gar ziehen lassen.
4. Inzwischen die restlichen 4 Eier verquirlen. Den Schnittlauch waschen, trockenschwenken und in feine Röllchen schneiden.
5. Die Butter in einer großen Pfanne erhitzen.
6. Die gekochten Nockerln in ein großes Sieb schütten, gut abtropfen lassen und in der heißen Butter schwenken. Die Nockerln mit den

verquirlten Eiern übergießen, leicht salzen und kurz durchrösten, bis die Eier zu stocken beginnen.

7. Die Eiernockerln sofort, mit dem Schnittlauch bestreut, servieren.

Das paßt dazu: grüner Salat

Katzengschroa

Wenn eine Katze beobachtet, wie ein Mensch verschiedene Innereien erst in katzengerechte Stücke schneidet und dann doch selbst verspeist, wird sie wahrscheinlich zu schreien beginnen. So könnte das würzige Ragout aus Oberösterreich zu dem seltsamen Namen »Katzengeschrei« gekommen sein.

Zutaten für 4 Personen:
200 g Kalbsleber · 200 g Kalbs- oder Schweinenieren · 200 g Kalbshirn · 200 g Kalbfleisch (Schulter) · 1 Zwiebel · 50 g Butter · weißer Pfeffer, frisch gemahlen · 2 Eßl. Mehl · ¼ l Fleischbrühe, selbst gekocht oder aus Würfeln · Salz

- Vorbereitungszeit: etwa 20 Minuten
- Garzeit: etwa 15 Minuten

So wird's gemacht:

1. Die Leber von allen Strängen und Häuten befreien, kalt abspülen und in schmale Streifen schneiden. Die Nieren sorgfältig von Fett, Sehnen und Röhren befreien, kalt abbrausen und in feine Scheiben schneiden. Das Hirn unter fließendem Wasser von den Häuten befreien und fein hacken. Das Kalbfleisch waschen und in kleine Würfel schneiden. Die Zwiebel schälen und fein hacken.

2. Die Butter in einer Pfanne erhitzen und die Zwiebelwürfel darin glasig braten. Die Kalbfleischwürfel dazugeben und bei mittlerer Hitze in etwa 3 Minuten unter ständigem Wenden anbraten.

3. Die Nieren und die Leber hinzufügen und weitere 3 Minuten braten lassen. Das Hirn dazugeben und alles zusammen noch etwa 5 Minuten durchrösten.

4. Das Ragout pfeffern, mit dem Mehl überstäuben und mit der Fleischbrühe aufgießen. Das Katzengschroa kurz aufkochen lassen. Dann salzen und sofort servieren.

Das paßt dazu: Petersilienkartoffeln und grüner Salat

Krautwickel

Bild Seite 38

Zutaten für 4 Personen:
1 Brötchen vom Vortag · ⅛ l Milch · Salz · 1 Kopf Weißkraut (Weißkohl) von etwa 800 g · 1 kleine Zwiebel · 2 Knoblauchzehen · 2 Eßl. Butter · 1 Bund Petersilie · 400 g gemischtes Hackfleisch · 1 Ei · 1 Messerspitze getrockneter zerriebener Majoran · schwarzer Pfeffer, frisch gemahlen · ⅛ l heiße Fleischbrühe oder Wasser · 2 Eßl. saure Sahne
Für die Form: Butter

- Vorbereitungszeit: etwa 1 Stunde
- Garzeit: etwa 35 Minuten

So wird's gemacht:

1. Das Brötchen entrinden (abreiben), in Würfel schneiden und in der Milch einweichen.

2. In einem großen Topf reichlich Salzwasser zum Kochen bringen.

3. Vom Weißkraut (Weißkohl) die äußeren unansehnlichen Blätter entfernen und den Strunk mit einem spitzen Messer keilförmig herausschneiden.

4. Den Krautkopf waschen, in das leicht kochende Wasser einlegen und mit einer Gabel drehende Bewegungen machen, damit sich die Blätter lösen. Die Krautblätter in etwa 15 Minuten nicht zu weich kochen.

5. Inzwischen die Zwiebel und die Knoblauchzehen schälen und fein hacken.

6. Die Butter in einer Pfanne erhitzen, die Zwiebel- und die Knoblauchwürfel darin glasig braten. Dann abkühlen lassen.

7. Die Petersilie waschen, trockenschwenken, von den Stengeln befreien und fein hacken.

8. Die eingeweichten Brötchenwürfel ausdrükken und in einer Schüssel mit dem Hackfleisch, den Zwiebel- und den Knoblauchwürfeln und der gehackten Petersilie vermischen. Das Ei und den Majoran hinzufügen und alles gut vermengen. Die Füllung mit Salz und Pfeffer abschmecken.

9. Den Backofen auf 200° vorheizen.

10. Eine feuerfeste Form mit Butter ausstreichen.

11. Die Krautblätter aus dem Wasser nehmen und auf Küchenpapier gut abtropfen lassen. Die dicken Blattrippen flachklopfen, damit sich die Blätter schön wickeln lassen.

12. Auf jedes Krautblatt in die Mitte 1 Eßlöffel Füllung geben. Die Ränder nach innen einschlagen und die Blätter zu kleinen Paketchen aufrollen. Die Krautwickel mit der Nahtstelle nach unten, eventuell mit Holzzahnstochern verschlossen, dicht aneinander in die Form geben. Mit der Fleischbrühe oder dem Wasser aufgießen.

13. Die Form in den vorgeheizten Backofen stellen und die Krautwickel zugedeckt etwa 30 Minuten schmoren lassen.

14. Danach die Krautwickel herausnehmen und warm stellen.

15. Den Saft, der sich beim Schmoren gebildet hat, durch ein Sieb gießen, mit der sauren Sahne verrühren und bis knapp unter den Siedepunkt erhitzen, aber nicht kochen lassen.

16. Die Krautwickel mit der Sauce servieren.

Erdäpfelgulasch

Zutaten für 4 Personen:
1 kg mehlige Erdäpfel (Kartoffeln) · 2 mittelgroße Zwiebeln · 100 g durchwachsener Räucherspeck · 2 Eßl. Schweineschmalz oder Öl · 2 Eßl. edelsüßes Paprikapulver · 1 Eßl. Essig · etwa 1 l Fleischbrühe oder Wasser · 2 Lorbeerblätter · ½ Teel. gemahlener Kümmel · 1 Teel. getrockneter zerriebener Majoran · 1 Knoblauchzehe · eventuell 200 g Wiener- oder Räucherwürstchen · Salz · schwarzer Pfeffer, frisch gemahlen

- Vorbereitungszeit: etwa 30 Minuten
- Garzeit: etwa 30 Minuten

So wird's gemacht:

1. Die Erdäpfel (Kartoffeln) schälen, waschen und in große Würfel schneiden. Die Zwiebeln schälen und fein hacken. Den Speck in kleine Würfel schneiden.

2. Das Schweineschmalz oder das Öl in einem großen Topf erhitzen. Die Speck- und die Zwiebelwürfel darin glasig braten. Das Paprikapulver darüber streuen und sofort mit dem Essig und etwa 3 Eßlöffeln Fleischbrühe oder Wasser ablöschen. Die Lorbeerblätter, den Kümmel und den Majoran dazugeben. Die Knoblauchzehe schälen und durch die Presse dazudrükken. Die Erdäpfelwürfel untermischen. Mit so viel Fleischbrühe oder Wasser aufgießen, daß die Erdäpfel gerade davon bedeckt sind.

3. Die Erdäpfel zugedeckt bei mittlerer Hitze etwa 30 Minuten kochen.

4. Eventuell kurz vor Ende der Garzeit die Wiener- oder Räucherwürstchen in Scheiben schneiden und hinzufügen.

5. Die Lorbeerblätter entfernen.

6. Das Erdäpfelgulasch mit Salz und Pfeffer pikant abschmecken.

Beliebte Mehlspeisen

Apfelstrudel

Frisch und warm schmeckt der weltberühmte Apfelstrudel am besten. Zur Abwechslung können Sie die Äpfel auch einmal durch feste grüne Birnen, entkernte saftige Kirschen oder Heidelbeeren (Blaubeeren) ersetzen.

Zutaten für etwa 12 Personen:
Für den Teig: 200 g Mehl · 1 Ei · 1 Eßl. Öl · 1 Prise Salz · etwa 1/16 l lauwarmes Wasser
Zum Bestreichen des Teiges: Öl
Für die Füllung: 60 g Rosinen · 2 Eßl. Rum · 40 g Butter · 80 g Semmelbrösel · 1½ kg säuerliche Äpfel (zum Beispiel Boskop oder Gravensteiner) · etwa 100 g Zucker · 1 Teel. gemahlener Zimt
Für das Tuch und die Hände: Mehl
Für das Backblech und zum Bestreichen des Strudels: etwa 100 g Butter
Zum Bestreuen: Puderzucker

- Vorbereitungszeit: etwa 1½ Stunden
- Backzeit: 35–40 Minuten

So wird's gemacht:

1. Das Mehl hügelartig auf eine Arbeitsfläche sieben. In die Mitte eine Mulde drücken. Das Ei hineinschlagen, das Öl und das Salz hinzufügen. Alles von außen nach innen zu einem glatten Teig verkneten, dabei nach und nach so viel Wasser zugießen, bis der Teig von mittelfester Konsistenz ist.
2. Den Strudelteig mit dem Handballen etwa 15 Minuten durchkneten, bis er seidig glänzt. Den Teig zu einer Kugel formen, mit Öl bestreichen und unter einer umgestülpten Schüssel etwa 30 Minuten ruhen lassen.
3. Inzwischen für die Füllung die Rosinen waschen, trockentupfen, mit dem Rum beträufeln und zugedeckt beiseite stellen.
4. Die Butter in einer Pfanne erhitzen und die Semmelbrösel darin unter Rühren goldbraun braten. Dann auskühlen lassen.
5. Die Äpfel schälen, von den Kerngehäusen befreien und in ganz dünne Scheibchen hobeln oder schneiden.
6. Den Zucker auf einem Teller mit dem Zimtpulver vermischen. Wenn die Äpfel sehr sauer sind, etwas mehr Zucker verwenden.
7. Auf einen Tisch ein großes Tuch legen und gleichmäßig mit Mehl bestreuen. Den Teig darauf so dünn wie möglich ausrollen. Dann den Strudelteig mit beiden bemehlten Handrücken vorsichtig anheben und langsam von der Mitte nach außen ziehen. Der Teig soll so durchsichtig sein, daß man eine daruntergelegte Zeitung lesen könnte. Die dicken Teigenden wegschneiden.
8. Die Butter für das Backblech und zum Bestreichen des Strudels zerlassen.
9. Das Backblech dünn mit Butter bestreichen. Den Backofen auf 200° vorheizen.
10. Die gerösteten Semmelbrösel auf etwa zwei Drittel des Teiges streuen, dabei zusätzlich an den beiden Seiten (den späteren Strudelenden) einen etwa 3 cm breiten Rand freilassen. Das freie Teigdrittel mit zerlassener Butter bestreichen. Die Apfelscheiben auf den Bröseln verteilen. Den Zimtzucker und die Rosinen darüber streuen.
11. Die Seitenränder einschlagen, damit die Fülle nicht auslaufen kann. Das Tuch anheben und den Strudel zum freien Drittel hin einrollen. Den Strudel mit der Nahtstelle nach unten, eventuell in U-Form, auf das gefettete Backblech gleiten lassen.
12. Den Apfelstrudel mit zerlassener Butter bepinseln und im vorgeheizten Backofen in 35–40 Minuten goldbraun backen. Den Strudel während der Backzeit etwa alle 10 Minuten mit zerlassener Butter bestreichen.
13. Den Apfelstrudel in 4–5 cm breite Stücke schneiden und, mit Puderzucker bestreut, am besten noch warm servieren.

Topfenstrudel

Zutaten für etwa 10 Personen:
Für den Teig: 200 g Mehl · 1 Ei · 1 Eßl. Öl · 1 Prise Salz · etwa 1/16 l lauwarmes Wasser
Zum Bestreichen des Teiges: Öl
Für die Füllung: 50 g Rosinen · 1 Eßl. Rum · 500 g Topfen (Quark mit 20% Fett) · 100 g Zucker · ½ Päckchen Vanillinzucker · 3 Eier · abgeriebene Schale von ½ unbehandelten Zitrone · 1 Prise Salz · 2 Eßl. Semmelbrösel
Für die Form und zum Bestreichen der Strudel: etwa 80 g Butter
Für das Tuch und die Hände: Mehl
Für den Guß: 1/8 l Milch · 1 Eigelb · 1 Eßl. Zucker · ½ Päckchen Vanillinzucker
Zum Bestreuen: 4 Eßl. Puderzucker

- Vorbereitungszeit einschließlich Ruhezeit: etwa 1½ Stunden
- Backzeit: etwa 45 Minuten

So wird's gemacht:

1. Das Mehl hügelartig auf eine Arbeitsfläche sieben. In die Mitte eine Mulde drücken. Das Ei hineinschlagen, das Öl und das Salz hinzufügen. Alles von außen nach innen zu einem glatten Teig verkneten, dabei nach und nach so viel Wasser dazugießen, bis der Teig von mittelfester Konsistenz ist.
2. Den Strudelteig mit dem Handballen etwa 15 Minuten durchkneten, bis er seidig glänzt. Den Teig halbieren, zu 2 Kugeln formen, mit Öl bestreichen und unter einer umgestülpten Schüssel etwa 30 Minuten ruhen lassen.
3. Für die Füllung die Rosinen waschen, trokkentupfen, mit dem Rum beträufeln und zugedeckt beiseite stellen.
4. Gegen Ende der Ruhezeit den Topfen (Quark) mit dem Zucker und dem Vanillinzucker in einer Schüssel verrühren. Die Eier trennen, die Eigelbe einrühren. Die Zitronenschale und die Rosinen hinzufügen. Die Eiweiße mit dem Salz zu steifem Schnee schlagen und unterziehen.
5. Die Butter in einer Pfanne zerlassen. Eine passende Form (Bratenpfanne) dünn mit Butter ausstreichen.
6. Auf einen Tisch ein großes Tuch legen und gleichmäßig mit Mehl bestreuen. Eine Teigkugel darauf so dünn wie möglich ausrollen. Dann den Strudelteig mit beiden bemehlten Handrücken vorsichtig anheben und langsam von der Mitte nach außen ziehen. Der Teig soll so durchsichtig sein, daß man eine daruntergelegte Zeitung lesen könnte. Die dicken Teigenden wegschneiden.
7. Den Strudelteig dünn mit zerlassener Butter bestreichen und mit 1 Eßlöffel Semmelbrösel bestreuen. Die Hälfte der Füllung auf den Teig streichen, dabei ringsum einen etwa 3 cm breiten Rand frei lassen.
8. Das Tuch anheben und den Strudel einrollen, dabei die seitlichen Ränder einschlagen. Den Strudel mit der Nahtstelle nach unten in die gefettete Form gleiten lassen.
9. Den Backofen auf 180° vorheizen.
10. Mit der zweiten Teigkugel genauso verfahren und den zweiten Strudel neben den ersten in die Form legen.
11. Beide Strudel mit zerlassener Butter bestreichen. Die Form in den vorgeheizten Backofen stellen und die Topfenstrudel in etwa 45 Minuten goldgelb backen.
12. Für den Guß die Milch mit dem Eigelb, dem Zucker und dem Vanillinzucker in einer Tasse verquirlen.
13. Die Strudel etwa 15 Minuten vor Ende der Backzeit mit der Eiermilch übergießen.
14. Die Topfenstrudel in 4–5 cm breite Stücke schneiden und, mit Puderzucker bestreut, am besten noch warm servieren.

Das paßt dazu: Vanillesauce

Powidltascherln

Bild Seite 48

Sie stammen, wie so viele österreichische Mehlspeisen, aus Böhmen.

Zutaten für 4 Personen:
600 g mehlige Kartoffeln · 125 g Mehl · 30 g Grieß · 1 Ei · Salz · 100 g Powidl (Pflaumenmus) · 1–2 Teel. Zucker · 1 Prise gemahlener Zimt · eventuell 2 Eßl. Rum · 1 Eiweiß
Zum Bestreuen: 50 g Butter · 3 Eßl. Semmelbrösel · 2 Eßl. Puderzucker
Für die Arbeitsfläche: Mehl

- Zubereitungszeit: etwa 1¼ Stunden

So wird's gemacht:
1. Die Kartoffeln mit der Schale weich kochen. Schälen und noch heiß durch die Presse drükken. Die Kartoffeln mit dem Mehl, dem Grieß, dem Ei und 1 Prise Salz zu einem glatten Teig verarbeiten und danach kurz ruhen lassen.
2. Den Powidl mit dem Zucker, dem Zimt und eventuell dem Rum verfeinern.
3. In einem großen Topf reichlich Salzwasser zum Kochen bringen.
4. Den Teig auf einer bemehlten Arbeitsfläche 3 mm dick ausrollen und Kreise von etwa 9 cm Ø ausstechen.
5. Das Eiweiß mit 1 Teelöffel Wasser verquirlen und die Teigränder damit bestreichen.
6. In die Mitte eines jeden Kreises 1 Teelöffel Powidl geben. Die Teigstücke zu halbmondförmigen Täschchen schließen und die Ränder sorgfältig zusammendrücken.
7. Die Powidltascherln vorsichtig in das kochende Salzwasser geben und 6–8 Minuten offen bei schwacher Hitze ziehen lassen.
8. Inzwischen die Butter in einer Pfanne erhitzen. Die Semmelbrösel darin braun braten.
9. Die gegarten Powidltascherln mit einem Schaumlöffel aus dem Wasser nehmen, gut abtropfen lassen und in den Butterbröseln wälzen.
10. Die Powidltascherln mit dem Puderzucker bestreut servieren.

Das paßt dazu: Zwetschkenröster (Rezept Seite 49) oder ein beliebiges Kompott

Mein Tip: Kochen Sie zuerst probeweise nur 1 Powidltascherl, bevor Sie alle fertigstellen. Ist der Teig zu weich, können Sie noch etwas Mehl einarbeiten. Sollte der Teig zu fest sein, können Sie etwas flüssige Butter hinzufügen.

Kärntner Reindling

Die wohl bekannteste Kärntner Süßspeise hat ihren Namen von der »Rein« (Kasserolle), in der sie gebacken wird.

Zutaten für eine »Rein« oder eine Springform von etwa 24 cm Ø (etwa 16 Stücke):
Für den Teig: 500 g Mehl · 30 g Hefe · 30 g Zucker · etwa ¼ l lauwarme Milch · 80 g Butter · 1 Ei · 2 Eigelb · 1 Prise Salz · abgeriebene Schale von ½ unbehandelten Zitrone
Für die Füllung: 100 g Rosinen · 1 Eßl. Rum · 30 g Butter · 100 g Zucker · 2 Teel. gemahlener Zimt · 100 g feingehackte Walnüsse
Für die Form: Butter
Für die Arbeitsfläche: Mehl
Zum Bestreuen: 2 Eßl. Puderzucker

- Vorbereitungszeit: etwa 40 Minuten
- Ruhezeit: etwa 1 Stunde und 5 Minuten
- Backzeit: etwa 45 Minuten

So wird's gemacht:
1. Alle Zutaten müssen Zimmertemperatur haben, noch besser wären etwa 36°.
2. Das Mehl in eine große Schüssel sieben und in die Mitte eine Mulde drücken. Die Hefe in die Mulde bröckeln. 1 Teelöffel Zucker und etwas lauwarme Milch hinzufügen. Daraus einen Vorteig rühren.
3. Etwas Mehl vom Rand darüber streuen und den Vorteig zugedeckt an einem warmen Ort gehen lassen, bis das Mehl darüber deutliche Sprünge zeigt. Das dauert etwa 15 Minuten.
4. Die Butter und den restlichen Zucker in der restlichen lauwarmen Milch auflösen. Das Ei, die Eigelbe, das Salz und die Zitronenschale hinzufügen und alles gut verrühren.
5. Diese Mischung zu dem gegangenen Hefeansatz geben und mit dem Mehl zu einem glatten Hefeteig schlagen. Wenn nötig, noch etwas lauwarme Milch dazugießen. Der Teig soll sich gut vom Schüsselrand lösen und Blasen werfen.
6. Den Hefeteig zugedeckt etwa 25 Minuten gehen lassen.
7. Die Rosinen waschen, trockentupfen, mit dem Rum beträufeln und zugedeckt beiseite stellen.
8. Eine »Rein« (Backkasserolle) oder eine Springform gut mit Butter ausstreichen.
9. Den Hefeteig zusammenschlagen und auf einer bemehlten Arbeitsfläche zu einem Rechteck von etwa 25 × 40 cm Größe ausrollen.
10. Die Butter in einer Pfanne zerlassen.
11. Den Zucker mit dem Zimtpulver auf einem Teller vermischen.
12. Den Teig mit der zerlassenen Butter beträufeln, mit den gehackten Walnüssen, den Rosinen und dem Zimtzucker bestreuen.
13. Den Teig erst zu einer etwa 40 cm langen Rolle formen, dann zu einer Schnecke drehen, in die gebutterte Form legen und, mit einem Tuch bedeckt, noch einmal etwa 25 Minuten gehen lassen.
14. Den Backofen auf 180° vorheizen.
15. Die Form auf die untere Schiene des Backofens stellen und den Reindling etwa 45 Minuten backen. Er ist fertig, wenn an einem tief hineingestochenen Holzstäbchen kein Teig mehr haften bleibt.
16. Den fertigen Kärntner Reindling aus der Form nehmen, vollständig auskühlen lassen und mit dem Puderzucker bestreut servieren.

Vorarlberger Riebel

Der Riebel wird in weiten Teilen Westösterreichs gerne zum Frühstück gegessen. Aber auch als Dessert schmeckt er ganz hervorragend.

Zutaten für 4 Personen:
½ l Milch · 1 Prise Salz · 150 g Grieß · etwa 60 g Butter · eventuell 50 g Rosinen · 2 Eßl. Zucker

- Zubereitungszeit: etwa 45 Minuten

So wird's gemacht:
1. Die Milch mit dem Salz in einem Topf erhitzen. Den Grieß einrieseln lassen und unter ständigem Rühren so lange kochen, bis er sich vom Topfrand löst. Das dauert etwa 10 Minuten.
2. Die Butter in einer großen Pfanne erhitzen. Den gekochten Grieß hineingeben und etwa 30 Minuten rösten. Dabei den Riebel häufig wenden, von der Pfanne lösen und zerkleinern. Wenn nötig, noch etwas Butter dazugeben.
3. Eventuell etwa 10 Minuten vor Ende der Garzeit die Rosinen waschen, trockentupfen und hinzufügen.
4. Der Riebel ist fertig, wenn er goldgelb und bröselig ist.
5. Den Riebel auf Dessertteller verteilen und mit dem Zucker bestreut servieren.

Germknödel mit Mohn

Bild nebenstehend

Die köstliche Kombination von Powidl (Pflaumenmus) und Mohn ist charakteristisch für die böhmische Mehlspeisküche.

Zutaten für 4 Personen:
250 g Mehl · 20 g Germ (Hefe) · ½ Eßl. Zucker · 1/16 l lauwarme Milch · 1 Ei · abgeriebene Schale von ½ unbehandelten Zitrone · Salz · 4 Eßl. Powidl (Pflaumenmus)
Zum Übergießen: 4 Eßl. Butter
Zum Bestreuen: 80 g gemahlener Mohn · 2 Eßl. Puderzucker

- Vorbereitungszeit: etwa 30 Minuten
- Ruhezeit: etwa 55 Minuten
- Garzeit: etwa 12 Minuten

So wird's gemacht:

1. Alle Zutaten für den Hefeteig müssen Zimmertemperatur haben, noch besser wären etwa 36°.

2. Das Mehl in eine große Schüssel sieben, in die Mitte eine Mulde drücken. Die Germ (Hefe) in die Mulde bröckeln, den Zucker und etwas lauwarme Milch hinzufügen. Daraus einen Vorteig rühren. Etwas Mehl vom Rand darüber streuen und zugedeckt an einem warmen Ort gehen lassen, bis das Mehl über dem Vorteig deutliche Sprünge zeigt. Das dauert etwa 15 Minuten.

3. Das Ei mit der restlichen Milch verquirlen. Die Zitronenschale und 1 Prise Salz hinzufügen. Diese Mischung zu dem gegangenen Hefeansatz geben und mit dem Mehl zu einem glatten Hefeteig schlagen. Wenn nötig, noch etwas lauwarme Milch dazugießen. Der Teig soll sich gut vom Schüsselrand lösen und Blasen werfen. Den Hefeteig zugedeckt etwa 20 Minuten gehen lassen.

4. Den Teig in 4 gleich große Stücke teilen und flachdrücken. In die Mitte eines jeden Teigstükkes 1 Eßlöffel Powidl (Pflaumenmus) geben, 4 große Knödel (Klöße) formen und weitere 20 Minuten gehen lassen.

5. In einem weiten Topf reichlich leicht gesalzenes Wasser zum Kochen bringen. Die Germknödel gehen beim Garen sehr stark auf und sollen einander nicht berühren.

6. Die Knödel in das leicht kochende Salzwasser geben und offen bei schwacher Hitze in etwa 12 Minuten gar ziehen lassen. Nach der Hälfte der Garzeit die Knödel vorsichtig umdrehen. Sie sind fertig, wenn an einer hineingestochenen Nadel kein Teig mehr haften bleibt.

7. Die Butter in einer Pfanne zerlassen.

8. Den Mohn mit dem Puderzucker vermischen.

9. Die fertigen Germknödel mit einem Schaumlöffel aus dem Wasser nehmen, gut abtropfen lassen und mit einer Nadel mehrmals einstechen, damit sie nicht zu rasch zusammenfallen. Die Germknödel auf vorgewärmte Dessertteller legen, mit der zerlassenen Butter übergießen und mit dem gezuckerten Mohn bestreuen.

Die Germknödel (Hefeklöße) werden mit Powidl (Pflaumenmus) gefüllt und nach dem Garen mit Mohnbutter serviert. Das Rezept finden Sie auf dieser Seite. ▷

Waldviertler Mohnnudeln

Zutaten für 4 Personen:
600 g mehlige Kartoffeln · 50 g Butter · 200 g Mehl · 50 g Grieß · 2 Eigelb · Salz
Für die Arbeitsfläche: Mehl
Zum Bestreuen: 60 g Butter · 120 g gemahlener Mohn · 4 Eßl. Puderzucker

- Zubereitungszeit: etwa 1¼ Stunden

So wird's gemacht:
1. Die Kartoffeln mit der Schale weich kochen. Schälen und noch heiß durch die Presse drükken. Die Kartoffeln mit der Butter, dem Mehl, dem Grieß, den Eigelben und 1 Prise Salz zu einem glatten Teig verarbeiten und danach kurz ruhen lassen.
2. In einem großen Topf reichlich Salzwasser zum Kochen bringen.
3. Den Teig auf einer bemehlten Arbeitsfläche zu daumendicken Rollen formen und davon nußgroße Teile abschneiden. Die Teigteile zu spitz auslaufenden dicken, etwa 6 cm langen »Nudeln« formen.
4. Die Nudeln in das leicht kochende Salzwasser geben und bei mittlerer Hitze offen etwa 6 Minuten garen.
5. Die Butter in einer Pfanne erhitzen. Den Mohn darin kurz durchrösten.
6. Die Nudeln mit einem Schaumlöffel aus dem Wasser nehmen, gut abtropfen lassen und in der Mohnbutter wälzen.
7. Die Waldviertler Mohnnudeln mit dem Puderzucker bestreut servieren.

◁ Für die Powidltascherln (von links nach rechts) gekochte Kartoffeln durch die Presse drücken und mit den restlichen Teigzutaten mischen. Den Teig ausrollen, Kreise ausstechen und mit Powidl (Pflaumenmus) füllen. Die Tascherln in Wasser garen, dann in gerösteten Bröseln wenden. Rezept Seite 44.

Kaiserschmarren mit Zwetschkenröster

Zutaten für 4 Personen:
Für den Zwetschkenröster: 1 kg Zwetschken (Pflaumen) · 1 unbehandelte Zitrone · ⅛ l Wasser · etwa 200 g Zucker · 5 Gewürznelken · 1 Stück Zimtstange von etwa 2 cm Länge
Für den Kaiserschmarren: 70 g Rosinen · 1 Eßl. Rum · 2 Eier · ¼ l Milch · 40 g Zucker · 160 g Mehl · 1 Prise Salz · 40 g Butter
Zum Bestreuen: 2 Eßl. Puderzucker

- Vorbereitungszeit: etwa 35 Minuten
- Garzeit: etwa 1¼ Stunden

So wird's gemacht:
1. Die Zwetschken (Pflaumen) waschen, halbieren und entsteinen. Die Zitrone gründlich heiß waschen, dünn schälen und auspressen.
2. Das Wasser in einem großen Topf mit dem Zucker, den Gewürznelken, der Zimtstange, der Zitronenschale und dem Zitronensaft zum Kochen bringen. Wenn die Zwetschken sehr sauer sind, etwas mehr Zucker verwenden.
3. Das Wasser etwa 3 Minuten kochen lassen. Danach die Gewürznelken, die Zimtstange und die Zitronenschale entfernen. Die Zwetschken dazugeben und bei schwacher Hitze kochen lassen, bis die Schalen eingerollt und die Zwetschken fast zerfallen sind. Das dauert etwa 1 Stunde. Dabei häufig umrühren, weil die Zwetschken leicht anbrennen.
4. Den fertigen Zwetschkenröster auskühlen lassen.
5. Inzwischen den Kaiserschmarren zubereiten. Die Rosinen heiß waschen, trockentupfen und mit dem Rum beträufeln.
6. Die Eier in Eigelbe und Eiweiße trennen. Die Milch, den Zucker und die Eigelbe verquirlen und mit dem Mehl zu einem glatten, dünnflüssi-

gen Teig verrühren. Die Eiweiße mit dem Salz zu steifem Schnee schlagen und unter den Teig ziehen.

7. Die Butter in einer großen Pfanne erhitzen. Den Teig hineingeben und etwas backen lassen. Dann die Rosinen darüber streuen. Sobald die Unterseite fest ist, den Schmarren wenden und bei schwacher Hitze fertig backen. Dabei mit zwei Gabeln in kleine Stückchen reißen. Den Herd abschalten und den Kaiserschmarren kurz ausdämpfen lassen.

8. Den Kaiserschmarren auf einer vorgewärmten Platte anrichten, mit dem Puderzucker bestreuen und separat dazu den Zwetschkenröster servieren.

Überbackene Topfenpalatschinken

Bild Umschlag-Vorderseite

Zutaten für 4 Personen:

Für den Teig: 100 g Mehl · etwa ¼ l Milch · 2 Eier · 1 Prise Salz · 40 g Zucker

Zum Braten: etwa 4 Eßl. Butter

Für die Füllung: 50 g Rosinen · 1 Eßl. Rum · 30 g weiche Butter · 80 g Zucker · abgeriebene Schale von ½ unbehandelten Zitrone · 2 Eier · 250 g Topfen (Quark mit 20% Fett)

Für die Form: Butter

Zum Übergießen: 1 Ei · ⅛ l Milch · 1 Eßl. Zucker · ½ Päckchen Vanillinzucker

Zum Bestreuen: 2 Eßl. Puderzucker

- Vorbereitungszeit: etwa 1 Stunde
- Backzeit: etwa 20 Minuten

So wird's gemacht:

1. Das Mehl mit 3 Eßlöffeln Milch, den Eiern, dem Salz und dem Zucker in einer Schüssel verrühren. So viel Milch dazugießen, daß ein dünnflüssiger Teig entsteht.

2. Eine Pfanne erhitzen und gleichmäßig mit ½ Eßlöffel Butter ausfetten. Etwa ein Achtel des Teiges mit einem Schöpflöffel hineingießen und die Pfanne dabei schwenken, so daß der Teig auseinanderfließen kann und der Pfannenboden dünn bedeckt ist.

3. Die Palatschinken (Pfannkuchen) bei schwacher Hitze beidseitig goldgelb backen.

4. Auf diese Weise insgesamt 8 Palatschinken bereiten und warm stellen. Wenn der Teig zwischendurch eindickt, wieder etwas Milch dazugeben und glattrühren.

5. Die Rosinen heiß waschen, trockentupfen und mit dem Rum beträufeln.

6. Die Butter mit dem Zucker und der Zitronenschale schaumig rühren. Die Eier in Eigelbe und Eiweiße trennen und die Eigelbe unter die Buttermasse rühren. Den Topfen (Quark) und die Rosinen daruntermischen. Die Eiweiße zu steifem Schnee schlagen und unterheben.

7. Den Backofen auf 200° vorheizen. Eine Auflaufform mit Butter ausstreichen.

8. Die Füllung bleistiftdick auf die Palatschinken streichen. Die Palatschinken zusammenrollen und quer halbieren. Die Palatschinkenstükke mit den Schnittseiten nach oben, mehr aufrecht stehend als liegend, in die gebutterte Auflaufform schichten.

9. Das Ei mit der Milch, dem Zucker und dem Vanillinzucker verquirlen und über die Palatschinken gießen.

10. Die Form in den Backofen stellen und die Palatschinken in etwa 20 Minuten goldgelb überbacken.

11. Die Topfenpalatschinken mit dem Puderzucker bestreuen und sofort servieren.

Mein Tip: Sie können die Topfenpalatschinken auch ohne Überbacken sofort nach dem Füllen, mit Puderzucker bestreut, servieren.

Wachauer Marillenknödel

Zutaten für 4 Personen:
200 g Magerquark · 1 Ei · 50 g weiche Butter · 150 g Mehl · Salz · abgeriebene Schale von ½ unbehandelten Zitrone · 8 kleine reife Marillen (Aprikosen) · 8 Stück Würfelzucker · 50 g Butter · 80 g Semmelbrösel
Zum Bestreuen: 2 Eßl. Puderzucker
Für die Arbeitsfläche: Mehl

- Vorbereitungszeit einschließlich Ruhezeit: etwa 1 Stunde
- Garzeit: etwa 10 Minuten

So wird's gemacht:

1. Den Magerquark mit dem Ei, der Butter, dem Mehl, 1 Prise Salz und der Zitronenschale zu einem glatten Teig verarbeiten.
2. Den Teig zugedeckt im Kühlschrank 30 Minuten ruhen lassen.
3. Die Marillen (Aprikosen) waschen, trockentupfen, entsteinen und in jede Marille statt des Steines 1 Stück Würfelzucker geben.
4. In einem großen Topf reichlich Salzwasser zum Kochen bringen.
5. Den Teig auf einer bemehlten Arbeitsfläche zu einer Rolle formen, in 8 gleich große Stücke teilen und flachdrücken. Jede Marille mit einem Teigstück umhüllen und Knödel (Klöße) daraus formen.
6. Die Knödel in das leicht kochende Wasser geben und 10 Minuten offen bei schwacher Hitze mehr ziehen lassen als kochen.
7. Die Butter in einer Pfanne erhitzen. Die Semmelbrösel darin bei mittlerer Hitze rösten.
8. Die gegarten Knödel mit einem Schaumlöffel aus dem Wasser nehmen, gut abtropfen lassen und in den Butterbröseln wälzen.
9. Die Wachauer Marillenknödel mit dem Puderzucker bestreut servieren.

Gugelhupf

Zutaten für eine Gugelhupfform (Napfkuchenform) von etwa 22 cm Ø (etwa 12 Kuchenstückel):
300 g Mehl · 20 g Hefe · 70 g Zucker · etwa ⅛ l lauwarme Milch · 50 g Rosinen · 1 Eßl. Rum · 80 g weiche Butter · ½ Päckchen Vanillinzucker · 4 Eigelb · 1 Prise Salz · abgeriebene Schale von ½ unbehandelten Zitrone
Für die Form: Butter · Mehl · etwa 20 geschälte Mandeln
Zum Bestreuen: 2 Eßl. Puderzucker

- Vorbereitungszeit: etwa 30 Minuten
- Ruhezeit: etwa 1 Stunde und 5 Minuten
- Backzeit: etwa 45 Minuten

So wird's gemacht:

1. Alle Zutaten müssen Zimmertemperatur haben, noch besser wären etwa 36°.
2. Das Mehl in eine große Schüssel sieben und in die Mitte eine Mulde drücken. Die Hefe in die Mulde bröckeln. 1 Teelöffel Zucker und etwas lauwarme Milch hinzufügen. Daraus einen Vorteig rühren.
3. Etwas Mehl vom Rand darüber streuen und den Vorteig zugedeckt an einem warmen Ort gehen lassen, bis das Mehl darüber deutliche Sprünge zeigt. Das dauert etwa 15 Minuten.
4. Die Rosinen waschen, trockentupfen, mit dem Rum beträufeln und zugedeckt beiseite stellen.
5. Die Butter mit dem restlichen Zucker und dem Vanillinzucker schaumig rühren. Nach und nach die Eigelbe, das Salz und die Zitronenschale einrühren.
6. Die Butter-Eiermischung mit der restlichen Milch zum gegangenen Hefeansatz geben. Mit dem Mehl daraus einen glatten, flaumigen Hefeteig rühren. Wenn nötig, noch etwas

Milch dazugießen. Den Hefeteig etwa 25 Minuten zugedeckt gehen lassen, bis sich das Volumen etwa verdoppelt hat.
7. Die Form mit Butter ausstreichen und mit Mehl ausstreuen. Überschüssiges Mehl gut abschütteln. Die Mandeln in gleichmäßigen Abständen auf dem Boden der Form verteilen.
8. Den Hefeteig zusammenschlagen und die Rosinen unterziehen.
9. Den Teig in die Form füllen, an der Oberfläche glattstreichen und zugedeckt noch einmal etwa 25 Minuten gehen lassen.
10. Den Backofen auf 180° vorheizen.
11. Den Gugelhupf auf der unteren Schiene des Backofens etwa 45 Minuten backen. Er ist fertig, wenn an einem tief hineingestochenen Holzstäbchen kein Teig mehr haften bleibt.
12. Den Gugelhupf auf ein Kuchengitter stürzen und auskühlen lassen. Vor dem Servieren mit dem Puderzucker bestreuen.

Salzburger Nockerln

Zutaten für 4 Personen:
6 Eiweiß · 1 Prise Salz · 3 Eßl. Zucker · 1 Päckchen Vanillinzucker · 3 Eigelb · 20 g Mehl · abgeriebene Schale von ½ unbehandelten Zitrone · 1/16 l Milch · 20 g Butter
Zum Bestreuen: 2 Eßl. Puderzucker

- Vorbereitungszeit: etwa 20 Minuten
- Backzeit: etwa 10 Minuten

So wird's gemacht:
1. Die Eiweiße mit dem Salz zu steifem Schnee schlagen, dabei nach und nach den Zucker und den Vanillinzucker dazugeben.
2. Den Backofen auf 225° vorheizen.
3. Die Eigelbe verquirlen und mit einem Drittel des Schnees locker vermengen. Dann langsam unter den restlichen Schnee mischen. Das gesiebte Mehl und die Zitronenschale vorsichtig unterziehen.
4. In einer flachen, servierfähigen Backform die Milch mit der Butter auf dem Herd aufkochen lassen.
5. Die Schneemasse in die Form füllen, dabei am besten mit einer Teigkarte (einem Teigschaber) drei große hügelförmige Nockerln formen.
6. Die Salzburger Nockerln in etwa 10 Minuten im Backofen goldbraun überbacken. Sie sollen innen noch cremig sein.
7. Die Salzburger Nockerln mit dem Puderzucker bestreuen und sofort servieren.

Vanillekipferln

Zutaten für 2 Backbleche (etwa 60 Stück):
200 g ungehäutete Mandeln · 250 g Mehl · 50 g Zucker · 1 Prise Salz · 200 g kalte Butter
Zum Bestreuen: 100 g Puderzucker · 2 Päckchen Vanillinzucker
Für die Arbeitsfläche: Mehl

- Vorbereitungszeit: etwa 15 Minuten
- Ruhezeit: 1 Stunde
- Fertigstellung: etwa 50 Minuten
- Backzeit pro Blech: 12–15 Minuten

So wird's gemacht:
1. Die Mandeln fein mahlen.
2. Das Mehl auf eine Arbeitsfläche sieben und mit den Mandeln, dem Zucker und dem Salz vermischen. Die Butter in Flöckchen schneiden und hinzufügen. Alle Zutaten rasch zu einem glatten Teig verkneten.
3. Den Teig im Kühlschrank 1 Stunde zugedeckt ruhen lassen.
4. Danach den Teig auf einer bemehlten Arbeitsfläche portionsweise zu Rollen von etwa 2 cm Ø formen.
5. Den Backofen auf 180° vorheizen.

6. Von den Teigrollen fingerdicke Scheiben abschneiden und zu Nudeln von etwa 6 cm Länge formen. Diese zu Kipferln (Hörnchen) biegen und auf ein ungefettetes Backblech legen.
7. Die Kipferln im Backofen auf der mittleren Schiene in 12–15 Minuten hellgelb backen.
8. Den Puderzucker mit dem Vanillinzucker mischen und die Kipferln noch heiß vorsichtig darin wälzen.
9. Die Vanillekipferln entweder lauwarm oder ausgekühlt servieren.

Sachertorte

Das Originalrezept für die berühmteste österreichische Torte kann Ihnen nur der Chefkonditor des Wiener Hotels Sacher verraten. Ich habe daher unter den zahlreichen Sachertortenrezepten eines der besten für Sie ausgewählt.

Zutaten für eine Springform von 24 cm Ø (etwa 12 Stück):
130 g Blockschokolade · 6 Eier · 130 g weiche Butter · 100 g Puderzucker · 1 Päckchen Vanillinzucker · 100 g Zucker · 130 g Mehl
Für die Form: Backtrennpapier
Zum Überziehen: etwa 4 Eßl. Aprikosenmarmelade
Für die Glasur: 250 g Blockschokolade · 300 g Zucker · ⅛ l Wasser
Zum Garnieren: 1 Eßl. geschlagene Sahne pro Portion

- Vorbereitungszeit: etwa 1½ Stunden
- Backzeit: etwa 1 Stunde
- Ruhezeiten: insgesamt etwa 20 Stunden

So wird's gemacht:
1. Die Schokolade in einen Topf bröckeln. Den Topf ins heiße Wasserbad stellen und die Schokolade schmelzen lassen.
2. Den Backofen auf 180° vorheizen. Den Boden einer Springform mit Backtrennpapier auslegen.
3. Die Eier in Eigelbe und Eiweiße trennen.
4. Die Butter mit dem Puderzucker und dem Vanillinzucker in einer Schüssel schaumig rühren. Nach und nach die Eigelbe und die geschmolzene Schokolade einrühren. Die Eiweiße mit dem Zucker zu nicht zu steifem Schnee schlagen und unterziehen. Das Mehl darübersieben und vorsichtig mit der Masse verrühren (melieren). Je kürzer dieser Vorgang dauert, desto flaumiger wird die Masse.
5. Die Sachermasse in die Form füllen, glattstreichen und im vorgeheizten Backofen etwa 1 Stunde backen. Die Torte ist fertig, wenn sie auf einen leichten Fingerdruck nachgibt, die Druckstelle aber nicht sichtbar bleibt.
6. Die Torte in der Form vollständig auskühlen lassen. Danach die Torte mit einem spitzen Messer vom Seitenrand lösen, eventuell die Tortenoberseite glattschneiden, stürzen und das Backtrennpapier entfernen.
7. Die Aprikosenmarmelade leicht erwärmen, die Torte damit messerrückendick überziehen. Die Torte einige Stunden, am besten über Nacht, an einem kühlen Ort ruhen lassen und erst danach glasieren.
8. Für die Glasur die Schokolade in einen Schneekessel (Metallschüssel) oder in eine große feuerfeste Schüssel bröckeln. Den Zucker und das Wasser hinzufügen und unter ständigem Rühren zum Kochen bringen. Die Glasur dann bei schwacher Hitze unter ständigem Rühren etwa 5 Minuten kochen lassen, bis sie beginnt, dickflüssig zu werden. Den Schneekessel vom Herd nehmen und die Glasurmasse mit einem Löffelrücken oder einem Holzspatel an der Kesselwand hin und her streichen (tablieren), bis die gewünschte Konsistenz zum Überziehen erreicht ist. Dabei immer wieder Glasurmasse vom Kesselboden an die Kesselwand nehmen und die gerührte Masse von der

Kesselwand wieder in die übrige Glasur zurückschaben. Die Glasur soll dickflüssig, glänzend und lippenwarm sein. Falls die Glasur zu kühl oder zu zähflüssig geworden ist, bei schwacher Hitze wieder erwärmen oder eventuell einige Tropfen Wasser hinzufügen.
9. Die Schokoladeglasur auf einmal über die Torte gießen und mit einem Glasurmesser mit wenigen Strichen gleichmäßig und nicht zu dünn verteilen. Ebenso den Tortenrand damit überziehen. Die Torte auf einen Tortenteller geben und einige Stunden stehenlassen.
10. Die Sachertorte mit einem in warmes Wasser getauchten Messer in 12 Stücke schneiden. Auf Desserttellern mit je 1 Eßlöffel ungesüßter geschlagener Sahne servieren.

Linzer Torte

Eine der berühmtesten Torten der österreichischen Küche.

Zutaten für eine Springform von 26 cm Ø (etwa 12 Tortenstücke):
140 g Mehl · 140 g ungehäutete, gemahlene Mandeln · 140 g Zucker · 1 Prise Salz · 1 Teel. gemahlener Zimt · 1 Messerspitze gemahlene Gewürznelken · abgeriebene Schale von ½ unbehandelten Zitrone · 4 Eigelb · 140 g kalte Butter · 200 g Johannisbeermarmelade · 50 g gehobelte Mandeln
Für die Form: Butter
Zum Bestreuen: 1 Eßl. Puderzucker

- Vorbereitungszeit einschließlich Ruhezeit: etwa 1¼ Stunden
- Backzeit: 35–40 Minuten

So wird's gemacht:
1. Das Mehl hügelartig auf eine Arbeitsfläche sieben. Mit den Mandeln, dem Zucker, dem Salz, dem Zimtpulver, dem Nelkenpulver und der Zitronenschale gut vermischen. In die Mitte eine Mulde drücken und 3 Eigelb hineingeben. Die Butter in Flöckchen schneiden, auf dem Rand verteilen und alles rasch von außen nach innen zu einem geschmeidigen Teig verarbeiten.
2. Den Teig 30 Minuten zugedeckt im Kühlschrank ruhen lassen.
3. Den Backofen auf 180° vorheizen. Die Springform mit Butter ausstreichen.
4. Etwa zwei Drittel des Teiges in die Form geben, gleichmäßig verteilen und so mit der Johannisbeermarmelade bestreichen, daß ein fingerbreiter Rand frei bleibt. Die Hälfte des restlichen Teiges zu bleistiftdicken Rollen formen und diese wie ein Gitter in gleichmäßigen Abständen schräg auf die Marmeladenfüllung legen. Den Rest des Teiges zu einer fingerdikken Rolle formen und die Torte rundum damit einfassen. Den Rand ein wenig andrücken. Den Rand und das Gitter mit dem restlichen Eigelb bestreichen.
5. Die Torte mit den gehobelten Mandeln bestreuen und im Backofen in 35–40 Minuten hellbraun backen.
6. Die Linzer Torte auskühlen lassen und mit dem Puderzucker bestreut servieren.

Mein Tip: Die Linzer Torte kann, in Folie verpackt, bis zu 14 Tagen aufbewahrt werden.

Rezept- und Sachregister

Kursiv gesetzte Seitenzahlen verweisen auf Farbbilder

Rezept- und Sachregister

Gebackene Champignons mit einer Panade aus Eiern, Mehl und Semmelbröseln schmecken als Imbiß zu Bier und Wein, aber auch als pikante Vorspeise. Rezept Seite 11. ▷